AF532798

Hermann Parzinger

ABENTEUER ARCHÄOLOGIE

Hermann Parzinger

ABENTEUER ARCHÄOLOGIE

Eine Reise durch die Menschheitsgeschichte

C.H.Beck

Mit 71 farbigen Abbildungen und Karten

2. Auflage. 2016

Satz: Janß GmbH, Pfungstadt
Druck und Bindung: Kösel, Krugzell
Umschlagabbildung: Geflügelter Stier mit Menschenkopf, Torwächterfigur aus dem Palast von Sargon II., Dur Šarrukin, heute Khorsabad, 8. Jh. v. Chr., © Louvre Museum, Paris/Pictures from History/Bridgeman Images
Autorenfoto: © Benno Kraehahn
Gedruckt auf säurefreiem, alterungsbeständigem Papier
(hergestellt aus chlorfrei gebleichtem Zellstoff)
Printed in Germany
ISBN 978 3 406 69639 8

www.chbeck.de

Für Barbara

INHALT

1

Von Kontroversen, Methoden und politischer Dimension – eine Einleitung in die Archäologie als Wissenschaft

Mythen, Menschen und Methoden

Hollywood hat so manche abenteuerliche Vorstellungen über die Archäologie befeuert: Mal ist es der mit Tropenhelm, Khakikleidung und Pinsel ausgerüstete Nickelbrillenträger, mal der mit Schlapphut, Lederjacke und Peitsche bewaffnete, raubeinige Forscher, der Goldschätze zu Tage fördert, mysteriöse Begebenheiten aufdeckt und neuerdings dabei natürlich ständig sein Laptop auf den Knien hält. Indiana Jones scheint allgegenwärtig. Seit «Jurassic Park» begegnet man mitunter auch dem Irrglauben, dass die Erforschung der Dinosaurier zum Aufgabenfeld der Archäologen gehöre; es sind allerdings die Paläontologen, die sich darum kümmern, so wie die Paläoanthropologen die Entstehung des Frühmenschen aufklären. Geht es etwas seriöser zu, so wird die Archäologie gerne mit der Enträtselung von Geheimnissen im Alten Ägypten gleichgesetzt; aber auch das sind bewährte Klischees, die freilich mit der Realität nur wenig zu tun haben.

Die Archäologie ist eine der faszinierendsten Wissenschaften überhaupt. Sie ist so international, interdisziplinär und Völker verbindend wie kaum ein anderes Fach. Klischees entstehen ja nicht selten aus dem

Johann Joachim Winckelmann (1717–1768), der Begründer der modernen Archäologie.

enormen Interesse der Öffentlichkeit an einem Thema. Nahezu jeder Mensch ist doch irgendwie an der Frage interessiert, wo er herkommt und wie sich unser heutiges kulturelles Leben entwickelt hat. Archäologie fasziniert, weil sie diese Fragen gleichsam aus dem Nichts beantwortet. Die Müllhalden der Vergangenheit erlauben es, die früheste Geschichte der Menschheit zu entschlüsseln – und längst sind wir noch nicht am Ende der Erkenntnis angelangt: Ständig hören wir von neuen Entdeckungen und Aufsehen erregenden Grabungsfunden, unentwegt ändert sich unser Bild von fernen Zeitperioden, weil es noch längst nicht vollständig ist und vielfach auf Fragmenten und Zufallsentdeckungen beruht. Kann eine Wissenschaft spannender sein? Ich bin fest davon überzeugt, dass Archäologie eine so große Faszination auf die Menschen ausübt, weil jedes noch so unbedeutende Detail und jede noch so unspektakuläre Ausgrabung durchaus unser Geschichtsbild von Grund auf verändern, ja sogar auf den Kopf stellen kann. Hätten wir beispielsweise vor der Entdeckung der Himmelsscheibe von Nebra gedacht, dass der prähistorische Mensch auf dem Gebiet des heutigen Mitteldeutschlands schon *vor* den alten Ägyptern in der Lage war, Beobachtungen der Gestirne in eine bildliche Darstellung zu übertragen? Eine geradezu unglaubliche intellektuelle Leistung!

Doch wie fing eigentlich alles an – wie wurde die Archäologie zur Wissenschaft? Archäologie ist – wörtlich übersetzt – die Kunde von alten Dingen. Es klingt vielleicht erstaunlich, aber an keiner einzigen deutschen Universität kann man heute Archäologie studieren. Dieses Fach existiert nicht. Die «alten Dinge», also die materiellen Hinterlassenschaften, sind stets in ihrem kulturellen, historischen und geografischen bzw. kulturgeografischen Kontext zu betrachten. Und genau deshalb gibt es keine «Archäologie» als Universitätsfach, aber es gibt eine Klassische Archäologie, eine Vorderasiatische, eine Biblische, eine Christliche, eine Byzantinische, eine Provinzialrömische, eine Islamische, eine Chinesische, eine Altamerikanische und eine Naturwissenschaftliche Archäologie und neuerdings auch eine Archäologie des Mittelalters und der Neuzeit. Immer widmen sich die Forscherinnen und Forscher als Vertreter dieser Fächer bestimmten Zeitepochen, bestimmten Kulturräumen oder ganz spezifischen Quellengattungen.

Am universellsten ist die Prähistorische Archäologie oder Ur- und Frühgeschichte. Sie ist nicht an bestimmte Räume gebunden, auch wenn sie sich überwiegend der frühen Menschheitsgeschichte Europas widmet. Prähistoriker erforschen – und zwar weltweit – die Geschichte des Menschen seit dem Zeitpunkt, an dem er seine ersten Werkzeuge zu fertigen beginnt, und das geschah vor mehr als 2,7 Millionen Jahren. Die Erforschung der Urgeschichte ist jenen Perioden gewidmet, in denen es noch keine schriftlichen Zeugnisse gab – Epochen aus der dunklen Anonymität frühester Jahrtausende. Die Urgeschichte wird ab jenem Zeitpunkt zur Frühgeschichte, wenn die Wissenschaft zusätzlich mit ersten Schriftquellen arbeiten kann. Doch zwei Überlegungen sind in diesem Zusammenhang besonders wichtig: Erstens reichen diese Schriftquellen bei weitem nicht aus, um die Geschichte umfassend zu rekonstruieren – folglich braucht man weiterhin die Archäologie. Und zweitens ist für frühgeschichtliche Kulturen charakteristisch, dass immer nur Andere über sie schreiben, also etwa Griechen über Kelten oder Römer über Germanen – Kelten und Germanen aber nie über sich *selbst*. Erst wenn Völker über eine eigenständige Geschichtsschreibung verfügen, endet ihre Frühgeschichte. Im Mittelmeerraum trifft dies schon auf die antiken Kulturen der Griechen und Römer zu; in weiten Teilen Mitteleuropas beginnt Geschichtsschreibung hingegen nicht vor dem Frühmittelalter, in Nord- und Osteuropa sogar erst im Hochmittelalter.

Als Begründer einer wissenschaftlichen Archäologie, die in erster Linie aus kunstgeschichtlichen Betrachtung entstand, gilt Johann Joachim Winckelmann (1717–1768). Nach einem Studium der Theologie, Geschichte, Medizin, Philologie und Philosophie reiste er nach Italien, begann, in Rom und Pompeji Antiken zu sammeln, und wurde schließlich von Papst Clemens XIII. im Jahr 1763 zum Aufseher der Altertümer im Kirchenstaat ernannt. Winckelmann sah die vornehmste Aufgabe der Kunst darin, die Schönheit darzustellen. Er prägte die berühmte Formel von der «edlen Einfalt und stillen Größe». Seine Begeisterung für männliche Helden- und Götterstatuen der Antike war auch Ausdruck homoerotischer Neigungen, wie in seinen Briefwechseln zum Ausdruck kommt. Die Vollendung jeglicher Kunst schien ihm die griechische zu sein, während er der römischen nur eine Rolle als deren Nachahmerin zugestand – so wie er die griechische Demokratie als dem römischen Despotismus überlegen betrachtete. Während seiner Forschungstätigkeit erkannte Winckelmann bereits früh die Notwendigkeit, sich dem Altertum auf dem Wege systematischer Ausgrabungen zu nähern, und so forderte er diese Vorgehensweise zum Beispiel für die bedeutende antike Stätte von Olympia ein, wo tatsächlich deutsche Archäologen 1874 die Arbeiten aufnahmen und dort bis heute tätig sind.

Nur wenige Jahre nach Winckelmann begründete Christian Jürgensen Thomsen (1788–1865), Antiquar am Kopenhagener Nationalmuseum, eine Gliederung der heimischen Altertümer in eine Stein-, Bronze- und Eisenzeit – das so genannte Dreiperiodensystem. Er richtete – fehlte es doch in seiner Heimat an einer mit Rom und Griechenland vergleichbar ‹großen› Kunst – den Blick erstmals auf die *gesamte* materielle Hinterlassenschaft der Vergangenheit, also etwa auf alltägliche Gerätschaften und Schmuck, die wegen ihrer Unscheinbarkeit wenig spektakulär anmuteten.

Fast zur selben Zeit, als die Evolutionstheorie von Charles Darwin (1809–1882) Verbreitung fand (seit 1858), entdeckte man eigentümliche Menschenknochen «vom Geschlechte der Flachköpfe» im Neandertal bei Düsseldorf (1856). Doch selbst ein so anerkannter Anthropologe wie der berühmte Rudolf Virchow (1821–1902) hielt ein hohes Alter dieser menschlichen Überreste für ausgeschlossen und vertrat die Auffassung, dass diese Knochen von einem neuzeitlichen Menschen stammten, der durch Krankheit extrem deformiert gewesen sein soll. Allein aufgrund des enormen Ansehens Virchows wagte es die Forschung fast ein halbes Jahrhundert lang nicht, diese fundamentale Fehleinschätzung, die schon bald offensichtlich war, zu korrigieren.

Bedeutende Entdeckungen und hitzige Debatten

Die Anfänge vieler Wissenschaften stecken voller Irrtümer und Fehler. Glücklicherweise konnte sich die Archäologie schon bald von etlichen befreien – doch letztlich auch nur, um neue zu begehen. Auch der von den Schriften Homers inspirierte, ja begeisterte Autodidakt Heinrich Schliemann (1822–1890) griff gehörig daneben, als er glaubte, in den von ihm im Jahr 1872 in Troja entdeckten Schätzen den Hort des sagenhaften trojanischen Königs Priamos erkennen zu dürfen. Fairerweise muss man jedoch anmerken, dass er beim damaligen Kenntnisstand noch gar nicht wissen konnte, dass die Stücke fast 2000 Jahre älter waren. Immerhin war Schliemann wesentlich an der Entwicklung der stratigrafischen Methode beteiligt: Er war es, der in Troja erstmals einander überlagernde Siedlungsschichten aus ganz unterschiedlichen Epochen freilegte. Und Schliemann machte die Archäologie als ‹Spaten-

Heinrich Schliemann wirkte durch seine Ausgrabungen in Troja und Mykene im späten 19. Jahrhundert trotz etlicher Irrtümer bahnbrechend. Dieser kolorierte Holzstich zeigt ihn während der Ausgrabungen 1882 in Troja mit dem Blick auf die Substrukturen des Süd-Ost-Tores.

wissenschaft› endgültig hoffähig, wobei er einen ganzheitlichen Ansatz verfolgte, bei dem alle entdeckten Überreste zur Rekonstruktion der Vergangenheit beitragen sollten – eine ungemein moderne Sichtweise.

Die Archäologie lebt schon immer von ihren großen Forschungskontroversen, und so manche bewegte auch die Gemüter der Öffentlichkeit. Einer der Nachfolger Schliemanns als Ausgräber von Troja – der viel zu früh verstorbene Manfred Korfmann (1942–2005) – erlebte dies vor einigen Jahren sehr hautnah. Er interpretierte Ergebnisse seiner Forschungen als Hinweise auf eine ausgedehnte bronzezeitliche Unterstadt. Der seit Schliemann untersuchte Hügel von Hissarlik war also nicht die *ganze* Siedlung von Troja, sondern nur deren Zitadelle oder Zentrum. Dies veränderte den Blick auf Troja grundlegend. Und obwohl die Hinweise auf Bebauung in dieser Unterstadt ausgesprochen schütter waren, ließ sich

Korfmann dazu hinreißen, gleich Rekonstruktionsbilder einer dicht bebauten bronzezeitlichen Großstadt zu verbreiten. Dies rief Althistoriker wie Frank Kolb auf den Plan, die – weil an Schriftquellen gewohnt und in theoriegestützter Begriffsbildung geschult – den Interpretationen Korfmanns nicht zu folgen gewillt waren, und Korfmann sah sich schon bald zum «Däniken der Archäologie» abgestempelt. Natürlich lag am Fuße des Burgbergs von Troja eine Niederlassung, daran lassen die Befunde gar keinen Zweifel. Aber Korfmann hatte es versäumt, überzeugende Belege für seine Deutung als Großstadt vorzutragen. So ist eben *nicht* klar, wie ausgedehnt und wie dicht bevölkert diese Außensiedlung tatsächlich war und ob sie die Bezeichnung ‹Stadt› verdiente oder ob es sich vielleicht doch nur um eine dörfliche Außensiedlung mit einigen Gehöften handelte. Man kann daraus die Konsequenz ziehen, dass Ausgrabungsergebnisse begrifflich immer äußerst sorgsam zu interpretieren sind.

Naturwissenschaften verändern Weltbilder

Die Kontroversen der Archäologie scheinen umso vehementer zu verlaufen, je mehr lieb gewonnene Bilder ins Wanken geraten. Doch jede Wissenschaft lebt vom Fortschritt und von der ständigen Infragestellung des Erreichten. Die Einführung neuer Methoden war für die Archäologie nicht immer schmerzfrei, so auch beispielsweise im Falle der Radiokarbonmethode. Bis in die 1960er Jahre versuchte man, prähistorische Kulturen über ihre zeitliche Parallelisierung mit Ägypten, Mesopotamien oder Griechenland absolut zu datieren, weil diese Hochkulturen bereits eine Kalenderrechnung kannten. Diese Verknüpfungen über Tausende von Kilometern waren zwangsläufig nicht immer sehr verlässlich. Als Willard Libby im Jahre 1960 für die Entwicklung der

Radiokarbonmethode den Nobelpreis für Chemie erhielt, ahnte noch niemand, dass der Prähistorischen Archäologie eine ihrer großen Zerreißproben bevorstand. Durch den Zerfall von ^{14}C – einem radioaktiven Isotop des Kohlenstoffs, das über den Stoffwechsel von Pflanzen und über die Nahrungskette von Tieren und Menschen aufgenommen wird – lassen sich organische Materialien auf Kalenderjahre umgerechnet absolut datieren. Die dabei erzielten Ergebnisse machten viele frühe Kulturen um Jahrhunderte älter als bis dahin gedacht und brachten so ein ganzes ‹Weltbild› zum Einsturz. Daraufhin wurde über Jahrzehnte die Radiokarbonmethode hartnäckig bekämpft und brachte ganze ‹Schulen› von Wissenschaftlern gegeneinander auf. Heute ist man längst darüber hinweg und blickt staunend und amüsiert zugleich auf diese Zeit zurück. Die Vertreter der Radiokarbonmethode hatten Recht, auch wenn diese selbst noch einmal erheblich korrigiert werden musste. Doch die unselige, unproduktive Diskussion darüber hat auf Jahre den wissenschaftlichen Fortschritt behindert.

Zum Glück tat man sich nicht immer so schwer, neue Methoden zu akzeptieren. Gerade in den letzten zwei Jahrzehnten haben die Naturwissenschaften die Archäologie grundlegend verändert. Es ist gewiss keine Übertreibung, zu behaupten, dass die Archäologie diejenige unter den Geisteswissenschaften ist, die am konsequentesten die Fortschritte der Naturwissenschaften in ihre Methoden aufnimmt und umsetzt. Der Erkenntniszugewinn ist enorm und trägt erheblich dazu bei, ein immer lebendigeres Bild von der Vergangenheit zu zeichnen: Die Baumring- bzw. Dendrochronologie – bei der man das Alter von hölzernen Artefakten mit Hilfe der darin zu erkennenden Jahresringe bestimmt – ist inzwischen in der Lage, Hölzer aus den letzten 12 000 Jahren bei entsprechendem Erhaltungszustand auf das Jahr genau zu datieren. Die Luftbildarchäologie gibt es seit dem frühen 20. Jahrhundert. Sie war ein

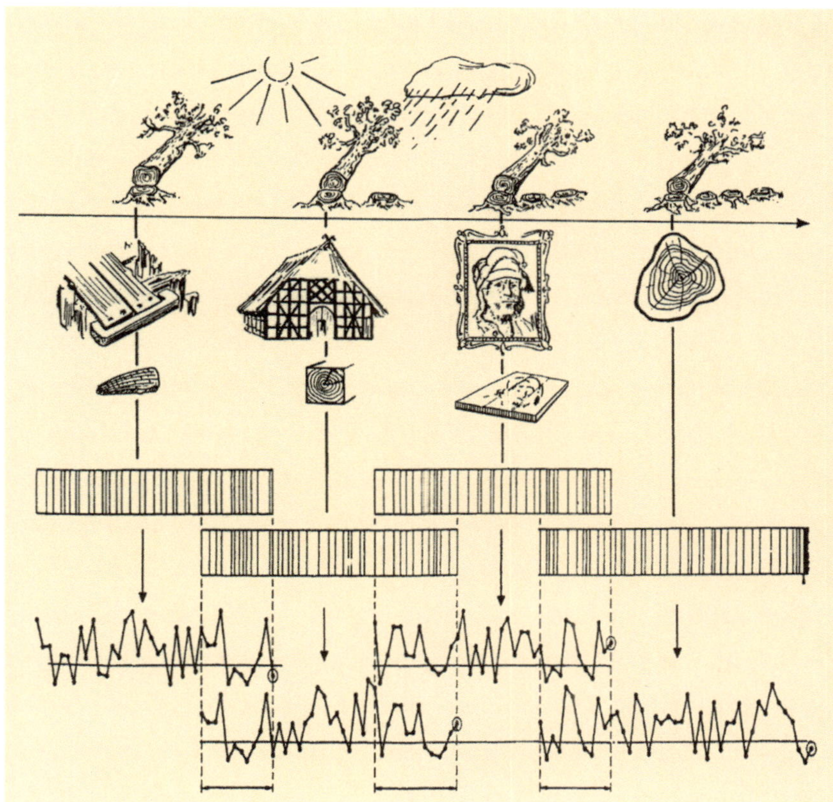

Die Dendrochronologie (Baumringmessung) liefert der Archäologie ein verlässliches Datierungsinstrument für Hölzer von der Gegenwart bis zurück in fernste Vorzeit. Sie können aus ganz unterschiedlichen Fundzusammenhängen stammen, sind aber anschlussfähig, soweit sich die Baumringe überlappen.

Produkt der Flugaufklärung im Ersten Weltkrieg. Mit ihrer Hilfe werden unter der Erdoberfläche befindliche Strukturen sichtbar, die man, wenn man zu Fuß über die betreffende Fläche geht, auf dem Boden gar nicht erkennen kann. Gleichfalls in der Archäologie eingesetzte Satellitenbilder sind hingegen eine Frucht des Kalten Krieges. Sowjets und US-Amerikaner fotografierten sich zunächst gegenseitig und dann auch noch den Rest der Welt und dokumentierten dabei Bodendenkmäler dankenswerterweise gleich mit. Heute holt man sich die Satellitenbilder in beliebiger Auflösung aus dem Internet und kann darin Strukturen bis auf einen halben Meter genau erkennen.

Verschiedene geophysikalische Prospektionsverfahren zeigen Mauerzüge, Gruben oder Grabanlagen an, und auf kaum einer Ausgrabung verzichtet man heute auf diese Voruntersuchungen. Phosphatanalysen fördern zu Tage, wo in überdurchschnittlich hohem Maße menschliche und vor allem tierische Ausscheidungen in den Boden gelangten. Dadurch lassen sich Stallungen für Vieh und andere Funktionsbereiche innerhalb von ländlichen Siedlungen feststellen.

Die Physische Anthropologie befasst sich mit der Entwicklung des Menschen. Ebenso liefern morphologische – die äußere Erscheinungsform betreffende – wie auch paläopathologische – dem Gesundheitszustand eines längst Verstorbenen geltende – Analysen viele Informationen über Krankheiten und Verletzungen, Ernährungsbesonderheiten bzw. Mangelernährung sowie über die Lebensweise des Menschen in frühen Epochen. Die Isotopenanalyse, mit deren Hilfe man den Zerfallsfortschritt von radioaktiven Elementen in einem organischen Objekt untersucht, erlaubt Rückschlüsse auf die Mobilität von Menschen und Tieren im Laufe ihres Lebens. Die Paläogenetik wiederum liefert nicht nur Hinweise zu verwandtschaftlichen Beziehungen zwischen Individuen und zur Homogenität von Bevölkerungsgruppen, sondern man vermag inzwischen mit wachsender Probenzahl eine regelrechte Populationsgeschichte zu schreiben. Dass die ersten Ackerbauern des 6. Jahrtausends v. Chr. in Mitteleuropa nicht aus den ansässigen Wildbeutern des Mesolithikums (ca. 10 000 bis 7000 v. Chr.) entstanden sind, sondern möglicherweise aus Südosteuropa zugewandert, hat man zwar schon immer vermutet, doch erst der Fortschritt der paläogenetischen Forschung hat Gewissheit darüber gebracht.

Forscher auf dem Gebiet der Archäozoologie und Archäobotanik werten Tier- und Pflanzenreste aus archäologischen Kontexten aus. Beide Disziplinen sind nicht nur von enormer wirtschaftsgeschichtlicher

Bedeutung, sondern sie lassen auch Rückschlüsse auf die Vegetation und damit auf das Klima vergangener Epochen zu. Die Archäometrie hingegen stellt materialkundliche und metallanalytische Untersuchungsverfahren zur Verfügung, die für die Bergbauarchäologie und damit für die Frage nach der Rohstoffversorgung früher Kulturen enorm wichtig sind. Beurteilen Sie selbst, ob es eine weitere Geisteswissenschaft gibt, der so viele Naturwissenschaften zu Diensten sind!

Doch die Archäologie hilft ihrerseits auch anderen Fächern. So werden geomorphologische – die Erdoberfläche betreffende – Veränderungen vielfach über archäologische Befunde datiert. Ein Beispiel: Die einzelnen Etappen der schrittweisen Austrocknung des Aralsees in Mittelasien lassen sich mit Hilfe von Fundstellen ziemlich genau zeitlich fixieren. Das Überraschende dabei ist: Die extreme Austrocknung des Aralsees ist nicht nur eine Erscheinung der Gegenwart, sondern ein Phänomen, das bereits im Mittelalter einmal auftrat, wie sich nun zeigt, weil die erst vor kurzem trocken gefallenen Bereiche Fundplätze aus dem Mittelalter freigeben, welche während der letzten Jahrhunderte unter Wasser lagen.

Archäologie im Spannungsfeld der Weltanschauungen

Archäologie ist aber auch eine Wissenschaft, die durchaus politische Dimensionen hat – ob einem das gefällt oder nicht. Bedenklich wird es, wenn sich totalitäre Regime der Archäologie bedienen, um ihren unlauteren Zielen scheinbar historische Weihen zu verleihen. Berüchtigt war dabei insbesondere die Rolle, die Gustaf Kossinna (1858–1931) im frühen 20. Jahrhundert als Wegbereiter eines nationalistischen Wissenschaftsverständnisses spielte. Er ging von der Deckungsgleichheit von

Gustav Kossinna (1858–1931) lehrte von 1902 bis 1927 als Professor für Archäologie an der Berliner Universität. Er ebnete einer nationalistisch geprägten Betrachtung der Vorgeschichte den Weg.

Land, Volk, Sprache und materieller Kultur aus und folgerte umgekehrt, dass eine übereinstimmende Sachkultur in einem klar umrissenen Gebiet auch *ein* Volk repräsentiere. Kossinna legte damit den Grundstein für den Germanenmythos und die Bestimmung von Territorien weit im Osten bis nach Südrussland hinein als ehemals germanische Siedlungsgebiete, wodurch er dem NS-Regime später eine vermeintlich historische Rechtfertigung für ihre verbrecherischen Eroberungskriege lieferte. Wie fast alle Deutschen haben damals auch Vertreter der Altertumswissenschaften und in diesem konkreten Falle auch die deutsche

Archäologie Schuld auf sich geladen. Es gab nur wenige unabhängige Geister, die sich angewidert abwandten und sich entweder in die innere oder in die wirkliche Emigration begaben.

Doch die politische Instrumentalisierung der Archäologie war natürlich kein deutsches Phänomen. Einer der begabtesten Schüler von Kossinna, der Pole Józef Kostrzewski, wandte nach dem Ersten Weltkrieg dieselbe Methode an, um den Nachweis zu führen, dass die von Deutschland an Polen abgetretenen Territorien schon seit der Steinzeit polnisch gewesen wären. Selbst Saddam Hussein hat 1990 den Einmarsch nach Kuweit mit dem Rückgriff auf die glorreiche Vergangenheit von Nebukadnezar begründet, mit dem er sich gerne verglich. So waren und sind es immer wieder dieselben Mechanismen der Instrumentalisierung von Geschichte, die in Diktaturen zur Anwendung kommen.

Heute ist in einem zerfallenden Irak die Rückbesinnung auf die große Vergangenheit der mesopotamischen Hochkulturen fast das einzig verbliebene Band, das diesen ethnisch und religiös sehr heterogenen Staat überhaupt noch zusammenhält. Wir stellen immer wieder fest, dass insbesondere abgelegene und krisengeschüttelte Weltregionen stolz auf die zivilisatorischen Leistungen der Vergangenheit sind. Aufsehen erregende Entdeckungen der Archäologie rücken selbst entlegene Gebiete in den Fokus der internationalen Öffentlichkeit. Die Archäologie kann dabei Langzeiterfahrungen aus der Vergangenheit für die Gestaltung der Gegenwart und der Zukunft nutzbar machen, ganz besonders auch im Dialog mit der islamischen Welt. Die strukturelle Koppelung der Archäologie mit Politik und Wirtschaft kann dabei ganz konkrete Beiträge zur Lösung aktueller Probleme liefern.

Im Jemen etwa haben deutsche Archäologen bis vor ein paar Jahren in Gebieten, die den Bewohnern kaum Aussicht auf Sicherung ihres Lebensunterhalts und kaum Hoffnung auf eine lebenswerte Zukunft boten und so zu Rekrutierungsfeldern für Islamisten wurden, durch ihre Ausgrabungen erhebliche Strukturveränderungen bewirkt, die ihrerseits wieder den Menschen eine Perspektive geben konnten. Es entstand eine touristische Infrastruktur, die plötzlich eine Vielzahl von Jobs hervorbrachte – von der Pflege der Ruinenstätten bis zu Souvenirshops, Hotels und Restaurants. Infolgedessen kam es bald auch zur Errichtung von Schulen und Krankenhäusern; endlich entstand ein wenig Zukunft in einer der ärmsten und unterentwickeltsten Regionen im Nahen Osten. Das liegt nun schon eine Weile zurück. Wer sich heute als ausländischer Archäologe in jenen Gegenden aufhalten wollte, würde sein Leben riskieren.

Dennoch, es ist deutlicher als jemals zuvor, dass die Archäologie nicht nur eine faszinierende Wissenschaft ist, international und interdisziplinär, die auf spannende Weise die großen Rätsel unserer Vergangenheit löst. Die Archäologie hat zudem eine enorme kultur- und entwicklungspolitische Dimension gewonnen, weil sie wichtige Strukturveränderungen bewirken kann. Sie ist überdies Türöffner für den Dialog mit Staaten, wo in der Politik Sprachlosigkeit herrscht. Manchmal ist es eine Mischung aus Staatsdoktrin und von interessierten Kreisen geschürten Ängsten vor dem Kontakt mit Vertretern anderer Kulturen, welche die Kooperationen auf dem Gebiet der Archäologie erschweren. So hat es beispielsweise eines langen Atems bedurft, ehe deutsche Archäologen nach der Islamischen Revolution 1979 gemeinsam mit ihren iranischen Kollegen erst im Jahre 2000 wieder ein gemeinsames Projekt aufnehmen konnten. Doch haben sich Überzeugungsarbeit, Diplomatie und Fingerspitzengefühl in dieser Sache gelohnt, weil am Schluss beide Seiten überzeugt waren, dass man auf dem richtigen Weg ist. Die Archäologie ist ein wichtiger Schlüssel zum gegenseitigen Verständnis, denn man arbeitet miteinander an der Erforschung früher historischer Epochen, um das alte Erbe der Menschheit zu begreifen – Epochen, die weltanschaulich gar nicht oder kaum belastet sind. Und wenn man das gemeinsam tut, kann es unglaublich verbinden. Zudem stand und steht im Zentrum der Archäologie immer der Mensch. Den Menschen vor Jahrtausenden will sie wiedergewinnen und in seinem Handeln verstehen. Und dem Menschen von heute will die Archäologie genau diese Erkenntnisse über seine eigene Vergangenheit vermitteln – aus der tiefen Überzeugung heraus, dass das Wissen über andere Kulturen Respekt und Toleranz fördert. Das ist die wirklich humane Dimension und zugleich die Mission der Archäologie heute. *Elfenbeinturm* ist längst nicht mehr.

28 | 29

2

Die Frühzeit des Menschen – vom Vegetarier zum spezialisierten Jäger

Der Anfang vom Anfang

Nach wie vor beschäftigt uns die Frage nach dem Ursprung des Menschen. Dabei interessiert uns nicht zuletzt, ob wir von den Affen abstammen. Die moderne genetische Forschung liefert dazu neuerdings wichtige Beiträge. So sollen das Genom des Menschen von heute und das des Schimpansen zu 95 Prozent übereinstimmen. Heißt das nun, dass der Mensch vom Schimpansen abstammt? Gewiss nicht, aber dieser Befund besagt, dass es gemeinsame Vorfahren gegeben haben muss.

Wenn wir uns mit der Geschichte unserer ganz frühen Vorfahren beschäftigen, so müssen wir uns stets zweier Tatsachen bewusst sein: Zum einen bestehen unsere Funde oft nur aus wenigen Knochen, die aber bei sorgfältiger naturwissenschaftlicher Analyse erlauben, unterschiedliche Arten von Frühmenschen zu unterscheiden und weitgehende Folgerungen über ihren Lebensraum, ihre Lebensweise und ihre Entwicklungswege zu ziehen. Zum anderen dürfen wir nicht überrascht sein, wenn sich zeigt, dass die Evolution bei der Entwicklung des Menschen mehrfach angesetzt hat, manche Entwicklungslinien abbrechen und andere

Moderne Rekonstruktion einer Neandertalerin.

Stammbaum von den frühesten Hominiden bis zum modernen Menschen.

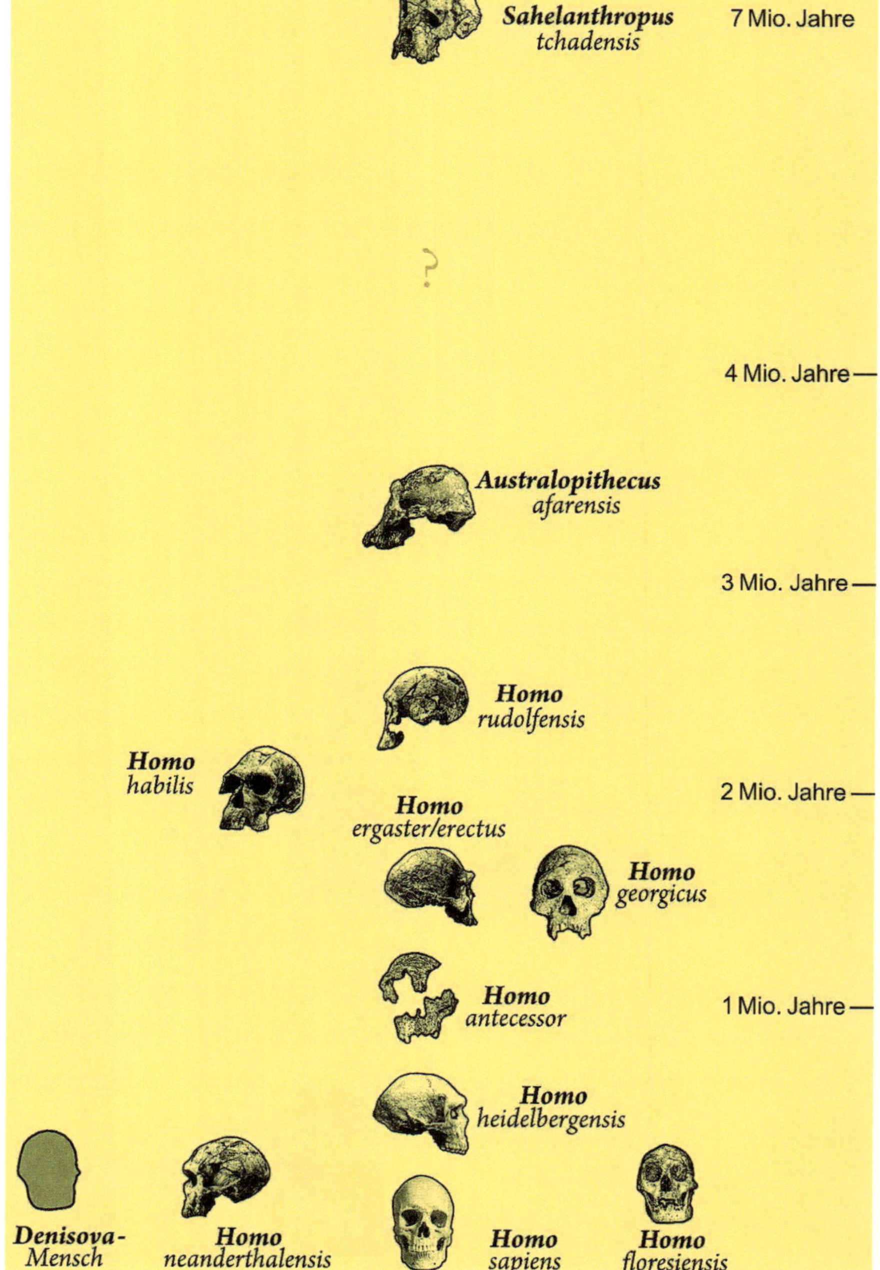

zeitweilig parallel verlaufen. Wer also einen geordneten Stammbaum des heutigen Menschen erwartet, muss sich darauf einstellen, mit einiger Verwirrung auf ein Gebilde zu blicken, das eher einem Stammbusch gleicht.

Was wir heute sicher sagen können ist, dass die Wiege des Menschen in Afrika stand. Unsere ältesten Vorfahren (die so genannten Hominiden) entdeckte man vor einigen Jahren im Becken des Tschad-Sees im nördlichen Zentralafrika, wenngleich ihre Bewertung nicht unumstritten ist. Diese Reste sind sieben Millionen Jahre alt. Einer unserer Ahnen, der *Australopithecus afarensis*, spielte vor über drei Millionen Jahren eine wichtige Rolle. Mit ihm verbinden uns bis heute der aufrechte Gang, ein flacherer Gesichtsschädel und ein deutlich größeres Hirnvolumen, als es bei Affen anzutreffen ist. Auch konnte er seine Hände bereits vielfältiger einsetzen, sie wurden zu einem Organ des Verstehens, und der *Australopithecus* verfügte schon über eine Art «Fingerspitzengefühl». Und doch erscheint er uns als ein sehr ferner Verwandter. Er war reiner Vegetarier, aß Blätter und Gras und brauchte dafür einen beeindruckenden Kauapparat und kräftige Kaumuskeln; diese haben auch seine Kopfform maßgeblich geprägt, die sich so deutlich von der des modernen Menschen unterschied, dass er äußerlich den Menschenaffen viel ähnlicher erscheint als uns.

Die ältesten Werkzeuge

Seit der Mensch existiert, zählt die Sicherung der Ernährung zu den entscheidenden Triebfedern jeglicher kulturellen wie biologischen Entwicklung. War der *Australopithecus* (wörtlich: der Südaffe) noch weitgehend Vegetarier, so begann der *Homo habilis* (der befähigte Mensch) damit, dem Körper vermehrt Proteine zuzuführen. Dabei gelangte er freilich noch nicht über das Stadium des Aasfressers hinaus. Doch selbst dieser Schritt, den er vor etwa 2,7 Millionen Jahren vollzog, stellte ihn vor ziemliche Herausforderungen: Wie ließen sich einzelne mundgerechte Stücke Fleisch – das vielleicht nicht sonderlich schmackhaft, aber doch immerhin zum Verzehr geeignet war – aus den Körpern toter Tiere herauslösen? Das Gebiss des *Homo habilis* war, im Unterschied zu dem von Raubtieren, dafür nicht kräftig genug. So ist es kein Zufall, dass die Herstellung der ältesten Steingeräte, die er zu diesem Zweck einsetzte und die man in der Olduwai-Schlucht in Tansania gefunden hat, exakt in der Zeit des Übergangs vom Vegetarier zum Aasfresser begann.

Diese einfachen Geröllgeräte zeugen zum ersten Mal in der Menschheitsgeschichte davon, dass ihre Schöpfer in der Lage waren, Probleme nicht nur zu erkennen, sondern sie auch durch zielgerichtetes Denken und Handeln zu lösen. Zwar kennen wir sehr wohl auch Beispiele, dass Tiere in der Natur vorgefundene Gegenstände als Geräte einsetzen, um bestimmte Ziele zu erreichen, etwa wenn Schimpansen mit Hilfe von Steinen Nüsse aufschlagen. Der entscheidende Unterschied besteht jedoch darin, dass der frühe Mensch dabei nicht nur irgendwelche Objekte, die er in der Natur vorfand, nutzte, sondern gezielt ihre Form und Eigenschaften veränderte und erweiterte, um sie noch effektiver einsetzen zu können.

Mit diesen Hominiden, die vor über 2,7 Millionen Jahren Geröllgeräte produzierten, traten Menschen erstmals als denkende Wesen in Erscheinung – der entscheidende Schritt zum Menschsein war vollzogen. Will man es provokativ formulieren, so könnte man sagen, dass es von diesem Zeitpunkt an in der weiteren Menschheitsgeschichte nur mehr um die kontinuierliche Optimierung der Artefakte ging: Neue Steinbearbeitungstechniken führten zu schärferen Kanten, und im

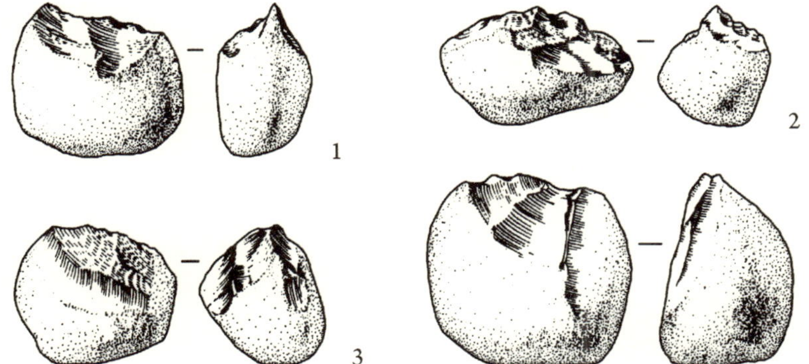

Geröllgeräte – die ältesten Werkzeuge der Menschheit.

Laufe der Jahrhunderttausende ließen sich mit hochwertigeren und flexibler nutzbaren Rohmaterialien – wie Knochen, Horn und Holz – nochmals besser einsetzbare Werkzeuge schaffen. Diese Effizienz wiederum wurde sehr viel später durch die Fähigkeit, Metall zu gewinnen und zu verarbeiten, nochmals gesteigert und seit dem letzten Jahrhundert durch die Produktion von Plastik und den Einsatz noch ganz anderer Materialien weiter optimiert.

Doch nennenswerte Fortschritte bei der Herstellung von Geräten und Werkzeugen waren kein Automatismus, denn sie setzten eine verbesserte Qualität des Planungsvermögens voraus, die es ohne entsprechende Dispositionen im menschlichen Gehirn nicht hätte geben können. Solch eine Entwicklung lässt sich erst für den *Homo erectus* (der «aufgerichtete Mensch») bzw. *Homo ergaster* (der «Arbeiter») zwischen 2 Millionen und 300 000 Jahren vor heute konstatieren, die beide den endgültigen Wandel vom Aasfresser zum Jäger vollzogen. Die Folge war eine erheblich hochwertigere Ernährung, zu der größere Mengen von Frischfleisch gehörten. Die dadurch gesteigerte Zufuhr von Fett, Eiweiß und Phosphor bewirkte eine deutliche Weiterentwicklung des menschlichen Gehirns, was wiederum in wesentlich effektiveren Waffen und

Jagdstrategien resultierte und somit letztlich die Jagd nochmals erfolgreicher machte. Sie wurde zu einem hoch spezialisierten Unterfangen, wie Treibjagden auf ganze Wildtierherden eindrucksvoll belegen. Solche Jagderfolge führten zu wahren Fleischbergen, was nur Sinn ergab, wenn man auch in der Lage war, das Fleisch haltbar zu machen, sei es durch Trocknung oder durch Räuchern. Daneben verzehrte man nicht nur das Fleisch der Tiere, sondern man zerschlug auch ihre Knochen, um an das nahrhafte Knochenmark zu gelangen. Sehnen sowie Häute und Felle der Tiere wurden zu Kleidungsstücken oder zur Abdeckung primitiver Behausungen verarbeitet. Es zeigt sich, dass das höher entwickelte Denkvermögen beim *Homo erectus* und den mit ihm verwandten Formen von Frühmenschen zu erstaunlichen Innovationen führte.

Von Afrika nach Europa

Der höhere Fleischanteil in der Ernährung ließ den *Homo erectus* bzw. *Homo ergaster* zudem eine kräftigere Muskulatur entwickeln. Das betraf insbesondere die Beinmuskulatur, und diese brauchte er ganz besonders, als es vor 2,5 Millionen Jahren zu einer globalen Abkühlung kam, das Klima trockener wurde, der Regenwald in Afrika schrumpfte und sich savannenartige Landschaften ausbreiteten. Wie schon so oft musste sich der Mensch den neuen Lebensverhältnissen – diesmal in der Savanne – anpassen, um zu überleben. Die offene Landschaft zwang ihn zu kilometerlangen Märschen auf seiner Suche nach Nahrung. Doch war es auch diese muskuläre Entwicklung, die ihn überhaupt erst in die Lage versetzte, Afrika zu verlassen und – so weit die Füße trugen – Asien und Europa zu besiedeln.

Neue spektakuläre Entdeckungen der letzten Jahre erlauben inzwi-

schen, den Zug des frühen Menschen nach Europa sehr gut nachzuvollziehen. So schlug der *Homo erectus* den Weg über den Nahen Osten und nicht über die Straße von Gibraltar ein. Als stumme Zeugen für die von Osten her erfolgende Besiedlung Europas sind dabei die 1,8 Millionen Jahre alten Funde des so genannten *Homo ergaster georgicus* aus Dmanisi in Georgien besonders wichtig. Dort nämlich stieß man auf die

Frühe Hominiden in Afrika und die Ausbreitung des *Homo erectus/ergaster* nach Asien und Europa.

ältesten Überreste von Menschen und Steingerätschaften, die man bislang überhaupt außerhalb Afrikas gefunden hat.

Atapuerca in Nordspanien ist in der zeitlichen Abfolge die nächste Fundstelle. Der dort entdeckte *Homo antecessor* (der «vorangehende Mensch») ist 1,2 Millionen bis 800 000 Jahre alt und soll angeblich aus dem *Homo ergaster georgicus* hervorgegangen sein. Wenn das zutrifft, so erhärtet es die These einer Zuwanderung aus dem Osten. Dieser *Homo antecessor* gilt seither als ältester Europäer. Er war ca. 1,70 Meter groß und sehr muskulös, hatte ein kräftiges Gebiss und Überaugenwülste. Seine tierische und pflanzliche Nahrung verzehrte er roh, weil er das Feuer noch nicht zu nutzen verstand. Höhlenfunde wie jene von Atapuerca sind für die Rekonstruktion der frühen Menschheitsgeschichte deshalb so wichtig, weil in den Sedimenten – den sich am Boden übereinander schichtenden Ablagerungen – aufgrund des Sauerstoffabschlusses und der konstant niedrigen Temperaturen die Knochen nicht durch Bakterien zersetzt werden.

Die Klimabedingungen in Europa waren damals regional sehr unterschiedlich; so herrschte etwa im weiter nördlich gelegenen Mitteleuropa ein deutlich kälteres Klima als am Rande des Mittelmeers. Der Mensch mied diesen Raum und besiedelte ihn erst später, denn ein Aufenthalt war dort ohne Wissen vom Gebrauch des Feuers nicht möglich. Der erste Mensch, von dem wir aus diesen nördlichen Breiten wissen, war der *Homo heidelbergensis*, der seinen Namen nach den Funden in Mauer bei Heidelberg erhalten hat. Er lebte dort vor ca. 600 000 Jahren und war während einer längeren Warmzeit in die Gebiete nördlich der Alpen vorgestoßen. Er gehört zu den Spätformen des *Homo erectus* und ist angeblich direkt aus dem im nordspanischen Atapuerca entdeckten *Homo antecessor* hervorgegangen.

Waffen und Feuer

Zu den herausragend wichtigen Entdeckungen aus der Zeit des *Homo heidelbergensis* zählen die Funde aus Schöningen in Niedersachsen. Im Randbereich eines eiszeitlichen Sees stießen die Ausgräber auf Steinwerkzeuge, Pferdeknochen und Holzobjekte, die über 300 000 Jahre alt waren. Berühmt wurde Schöningen durch vorzüglich erhaltene Holzspeere, die zwischen 1,80 und 2,30 Meter lang und 500 Gramm schwer waren. Diese ältesten erhaltenen Speere der Menschheit waren extrem sorgfältig gearbeitet. Länge und Durchmesser hatte man auf perfekte Flugeigenschaften abgestimmt, wie Wurfversuche mit nachgebauten Speeren bestätigten. Dass der Schwerpunkt dieser Speere im vorderen Drittel lag, war kein Zufall – wer diese Waffe schleuderte, konnte dank ihrer Eigenschaft ohne großen Kraftaufwand Wurfweiten von bis zu 70 Metern und eine große Treffsicherheit auf Entfernungen von 20 bis 30 Metern erreichen. Diese Speere bezeugen nicht nur Planungstiefe, Abstraktionsvermögen, Erfahrung und Geschicklichkeit – ihre erstaunliche Ähnlichkeit mit heutigen Sportspeeren lässt es vielmehr als sicher erscheinen, dass der *Homo heidelbergensis* auch über ähnliche motorische Fähigkeiten verfügte wie wir heute.

Schöningen war der Lagerplatz einer erfolgreichen Jägergruppe. Steinkreise deuten auf einfache Behausungen hin, deren weiterer Aufbau aus Holzstangen und Mammutknochen bestand, während Felle und Tierhäute als Abdeckung dienten. Die Funde an diesen in erster Linie saisonal genutzten Wohnplätzen lieferten auch Hinweise darauf, dass dort Wildpflanzen zu essbarer Nahrung verarbeitet wurden, die man zuvor gesammelt hatte.

Feuerstellen belegen zudem, dass die Menschen sich damals bereits

Die Holzspeere von Schöningen sind etwa 300 000 Jahre alt; es handelt sich dabei um perfekt gearbeitete Jagdwaffen des *Homo heidelbergensis*.

auf die Nutzung des Feuers verstanden. Nach der Herstellung der ersten Steingeräte war die Beherrschung des Feuers die zweite fundamentale Innovation der frühen Menschheit. Der Einsatz des Feuers war in vielerlei Hinsicht folgenreich: Zum einen ermöglichte die Beherrschung des Feuers die Besiedlung auch kälterer Gebiete, zum anderen konnte durch Räuchern Fleisch in größerer Menge haltbar gemacht werden, und schließlich waren Fleisch und Sammelpflanzen für den menschlichen Organismus erheblich besser verdaulich, wenn man sie zunächst briet oder kochte. Abgesehen von allem anderen bot Feuer Schutz vor Insektenschwärmen und ließ sich sogar bei Treibjagden einsetzen, denn es half, das Wild aufzuscheuchen und auf der Flucht eine ganz bestimmte Richtung nehmen zu lassen.

Feuerstellen waren aber nicht zuletzt Mittelpunkte des sozialen Lebens – Orte, an denen auch frühe Formen von Sprache entstanden sein dürften. Noch waren zwar nicht alle anatomischen Voraussetzungen für eine differenzierte sprachliche Artikulation gegeben, und wahrscheinlich beschränkte sich die Kommunikation eher auf ein Grunzen, verbunden mit entsprechender Mimik. Doch konnte der *Homo heidelbergensis* immerhin aufgrund eines veränderten Rachenraums bereits Laute besser erzeugen und seine Atmung leichter kontrollieren, als dies den Menschenaffen möglich war. Beides sind entscheidende Voraussetzungen für die Sprechfähigkeit; wie weit diese aber wirklich entwickelt war, entzieht sich unserer Kenntnis.

Doch ohne irgendwelche Frühformen sprachlicher Verständigung hätte man weder Treibjagden durchführen noch so perfekt gearbeitete Speere wie jene aus Schöningen herstellen, noch eine erste Arbeitsteilung in der Gruppe organisieren können. Ansätze arbeitsteiliger Strukturen sind allein schon deshalb vorauszusetzen, weil gewiss nicht jeder in der Lage war, hoch spezialisierte Jagdwaffen herzustellen oder Treibjagden anzuführen – das war Sache von Spezialisten. Auch lassen die Lagerplätze jener Zeit unterschiedliche Arbeitsbereiche erkennen. An manchen widmete man sich dem Zerteilen der Jagdbeute, an anderen dem Zubereiten von Nahrung und an wieder anderen der Herstellung von Stein- und Holzgerätschaften.

In diese Zeit gehört auch ein mit regelmäßig angebrachten Schnittlinien verziertes Knochenstück aus Bilzingsleben in Thüringen. Dabei handelt es sich um das älteste bislang bekannte Ornament der Menschheit überhaupt, das vor 400 000 Jahren entstand. Der Lagerplatz von Bilzingsleben ist aber auch deshalb interessant, weil man dort auf Schädel und andere Menschenknochen mit Schnittspuren stieß. Das führt zu der Frage, ob wir damit erste Anfänge rituellen Handelns beim *Homo heidelbergensis* vermuten dürfen. Handelt es sich um Spuren von rituellem Kannibalismus? Sollten künftige Entdeckungen diese Überlegungen noch bestätigen, so hätten wir es bereits damals mit der Herausbildung erster Rituale und religiösen Traditionen zu tun – eine zweifellos erstaunliche Feststellung.

In dem Zeitraum von 2 Millionen bis 300 000 Jahren vor unserer heutigen Zeit haben sich also entscheidende Veränderungen vollzogen, die die weitere Menschheitsgeschichte nachhaltig prägten. Trotz des derzeit noch sehr unausgeglichenen Forschungsstandes fällt jedoch auf, dass sich praktisch alle diese fundamentalen Neuerungen gegen Ende dieser gewaltigen Zeitspanne vollzogen.

Ein sensibler Urahne – der Neandertaler

Nicht viel anders verhält es sich im Übrigen mit der Epoche des auf den *Homo heidelbergensis* folgenden Neandertalers, den wir aus der Zeit zwischen 300 000 und 40 000 vor heute kennen. Auch über seine Frühzeit ist uns kaum etwas bekannt. Fast alles, was wir über Neuerungen aus der Zeit des Neandertalers wissen – Europas eigenständiger Beitrag zur Humanevolution –, datiert in die letzten Jahrzehntausende seines Auftretens.

Seinen Namen erhielt der Neandertaler durch die berühmten Knochenfunde bei Neandertal nahe Düsseldorf. Seine Spezies war von der Iberischen Halbinsel bis in den Nahen Osten verbreitet, fehlt aber in Afrika und Asien. Seine typischen Merkmale sind eine gedrungene Gestalt, ein robuster Körperbau, gewaltige Muskeln, eine flache Stirn, ausgeprägte Überaugenwülste, eine riesige Nase – die ihm in den von ihm bewohnten Kaltgebieten half, die Atemluft zu erwärmen, und ihm so einen wichtigen evolutionären Vorteil verschaffte – sowie ein nur schwach ausgeprägtes Kinn.

Ähnlich wie der *Homo heidelbergensis* und andere Spätformen des *Homo erectus* beherrschte auch der Neandertaler das Feuer. Er legte Lagerplätze mit einfachen Behausungen an, trug Fellbekleidung und war dadurch sehr gut für den Aufenthalt in winterkalten Gebieten gerüstet. Der Neandertaler war wie bereits ältere Vertreter der Frühmenschen als spezialisierter Jäger und Sammler unterwegs. Seine Jagd konzentrierte sich besonders auf Rentier und Pferd; darüber hinaus jagte er auch Wisent, Wollnashorn und Waldelefant – allesamt enorme Fleischlieferanten. Dass die Jagd ein riskantes Unternehmen war, zeigen immer wieder Skelettfunde von Neandertaler-Männern, die Spuren von verheilten Knochenbrüchen zeigen. Außerdem sammelte er Wildobst, Wildgrassamen, Früchte, Beeren, Eicheln, Pilze und Wurzelknollen.

Die meisten Neuerungen aus der Zeit des Neandertalers scheinen zwar bedeutsam, zugleich aber auch weniger revolutionär als jene des *Homo erectus* oder *Homo heidelbergensis*: Für die Herstellung von Steingeräten wählte er deutlich besseres Rohmaterial aus. Auch wirken seine Silexgerätschaften standardisierter und ästhetischer gestaltet als ältere Modelle; Silex ist übrigens der Fachbegriff für «Feuerstein». Bemerkenswert ist ferner, dass unter den Funden an Plätzen des Neandertalers auch erste mehrteilige Geräte erscheinen, bei denen die steinernen Einsätze mit Hilfe von Bitumen, dem ältesten Klebstoff der Menschheit, in Holzschäften befestigt waren. All diese Entwicklungen des Neandertalers erweisen sich jedoch in erster Linie als Qualitätssteigerung von Innovationen, die bereits älteren Frühmenschen gelungen waren.

Demgegenüber erscheinen die Entdeckung des Jenseits und die Befassung mit der Grenzerfahrung des Todes als der fundamentalste Beitrag des Neandertalers zur frühen Kulturgeschichte des Menschen und dürfen in geistiger Hinsicht als geradezu revolutionär gelten. Fanden doch in der Zeit des Neandertalers die ältesten Bestattungen der Menschheit statt. Im französischen La Ferrassie fand man sogar mehrere solche Skelette; da diese aber nicht über- oder durcheinander lagen, kannten die Nachfahren der Verstorbenen wohl auch über längere Zeit hinweg die Lage dieser Gräber. Vielleicht ist dies ein Hinweis darauf, dass diese Bestattungsorte – ganz wie Gräber heute – sogar oberirdisch markiert waren? Auf jeden Fall haben wir damit einen der ersten Friedhöfe überhaupt vor uns. Doch bei aller Sorgfalt, die man diesen Anlagen angedeihen ließ, bleibt festzustellen, dass der Neandertaler seinen Verstorbenen für die «Reise ins Jenseits» noch keine wirklichen Beigaben mit ins Grab legte.

Auch wenn man sie nicht in Gräbern findet, so wissen wir doch, dass der Neandertaler offenbar bereits Tierzähne und Muschelschalen als Anhänger trug – die ältesten Schmuckstücke der Menschheit. Von seinem ausgeprägten Sinn für Ästhetik zeugen zudem die vielen vorzüglich gearbeiteten Steingerätschaften, und sogar das Sammeln von Kuriosa, wie zum Beispiel Versteinerungen. Mithin erscheint der Neandertaler als ein für seine Zeit feinsinniges Wesen, das seine Umwelt sehr genau beobachtete.

Die meisten Neuerungen, die mit dem Neandertaler einhergehen, sind ohne Kommunikation kaum vorstellbar. Daraus lässt sich schließen, dass seine Sprechfähigkeit eine deutliche Weiterentwicklung erfahren haben wird. Die Form seines Zungenbeins ähnelt schon stark dem des *Homo sapiens*, und darüber hinaus ließ sich aus seinen Überresten erst kürzlich das für die Sprache so wichtige Genom FOXP2 isolieren.

Wie der Neandertaler aus der Menschheitsgeschichte verschwand, ist umstritten. Fest steht aber, dass der aus Afrika zugewanderte moderne Mensch (*Homo sapiens*) ihn ablöste. Möglicherweise trug zu seinem Ende auch eine gigantische Naturkatastrophe bei, kam es doch vor 38 000 Jahren zu einem gewaltigen Vulkanausbruch in Süditalien. Die Asche dieser Mega-Eruption fand sich über halb Europa verteilt und trennt an vielen Orten Schichten, in denen wir Spuren des späten Neandertalers finden, von stratigrafisch jüngeren des *Homo sapiens*. In der Folge dieses Ereignisses kam es zu einer ausgeprägten Kältephase, der der Neandertaler offenbar weniger gewachsen war als sein moderner Konkurrent, was sein Aussterben noch beschleunigt hat.

Auf jeden Fall hat sich diese Ablösung zwischen 42 000 und 32 000 vollzogen; nur in Spanien hielten sich noch ein paar Gruppen des Neandertalers bis vor 27 000 Jahren. Der *Homo sapiens* war widerstandsfähiger gegen Krankheiten, er war mobiler, und er konnte sich effektiver den Naturverhältnissen anpassen; deshalb kam er auch besser mit der Kälte zurecht, ähnlich den heutigen Inuit in arktischen Gebieten. Zudem wurde der biologisch moderne Mensch früher geschlechtsreif und bekam dadurch mehr Kinder. Damit war von Anfang an klar, wer das Nachsehen haben würde: Der moderne Mensch war dem Neandertaler einfach in jeder Hinsicht überlegen.

Bleibt noch die Frage, ob es eine längere Koexistenz von Neandertaler und *Homo sapiens* gab oder ob beide einander eher rasch ablösten. Wichtige Erkenntnisse in dieser Hinsicht lieferte die paläogenetische Forschung an alter DNA. Diese hat gezeigt, dass sich der Neandertaler vor etwa 80 000 Jahren im Nahen Osten mit dem *Homo sapiens* vermischt haben muss. Nicht minder sensationell war die Entdeckung, dass Genome des späten Neandertalers gewisse Übereinstimmungen mit solchen heutiger Europäer und Asiaten aufweisen, nicht jedoch mit denen von Afrikanern. Für diesen Befund gibt es im Augenblick nur eine Erklärung, nämlich dass es zwischen dem aus Afrika kommenden *Homo sapiens* im Nahen Osten zu sexuellen Kontakten mit Neandertalern gekommen sein muss. Als ihre Nachkommen weiter nach Europa und Asien zogen, trugen diese auch das Erbgut des zum Aussterben verurteilten Neandertalers in sich, weshalb es dort heute noch genetische Verbindungen gibt, die bis zu ihm zurückreichen. Damit erhebt sich die brisante Frage: Steckt auch in uns heute noch ein Stück Neandertaler? Vieles spricht derzeit dafür, auch wenn künftige Forschung die Datengrundlage auf diesem Gebiet noch erheblich verbreitern muss. Die Geschichte des frühen Menschen ist also noch längst nicht zu Ende geschrieben, und sie wird immer spannender.

3

Erfindungsgeist und große Kunst – kulturelle Modernität weltweit

Neue Welten für den neuen Menschen

Der *Homo sapiens* war in Afrika zwischen 200 000 und 100 000 vor heute aus *Homo-erectus*-Spätformen entstanden, während sich in Europa und im Nahen Osten der Neandertaler ausgebreitet hatte. Zu den wichtigsten Fundorten von Überresten des *Homo sapiens* auf dem afrikanischen Kontinent gehört die südafrikanische Blombos-Höhle. Ungefähr 75 000 Jahre alte Fundschichten liefern dort die ältesten Hinweise auf kulturelle Modernität; sie ist es, die den *Homo sapiens* von allen älteren Menschenarten fundamental unterscheidet. Zu dieser kulturellen Modernität gehören unter anderem das Aufbringen von Ornamenten auf Werkstoffen – beispielsweise eine Kreuzschraffur auf einem Ockerstück – und die Produktion persönlicher Schmuckstücke; so hat man etwa Schneckenhäuser gefunden, die durchbohrt waren und vielleicht zu einer Kette aufgereiht getragen wurden oder auf Kleidung angebracht waren. Hinzu kommen vorzüglich gearbeitete Speerspitzen aus Knochen und Feuerstein, die sich aufgrund ihrer perfekten Form und ihrem hohen Wirkungsgrad in nichts von jenen unterscheiden, die noch heute von Buschmännern in ihre Jagdwaffen eingebaut werden.

Die Felsbilder des Magdalénien gelten als Höhepunkt der Eiszeitkunst und als erste ‹Weltkunst› schlechthin.

Erfindungsgeist und große Kunst

Die weltweite Ausbreitung des *Homo sapiens.*

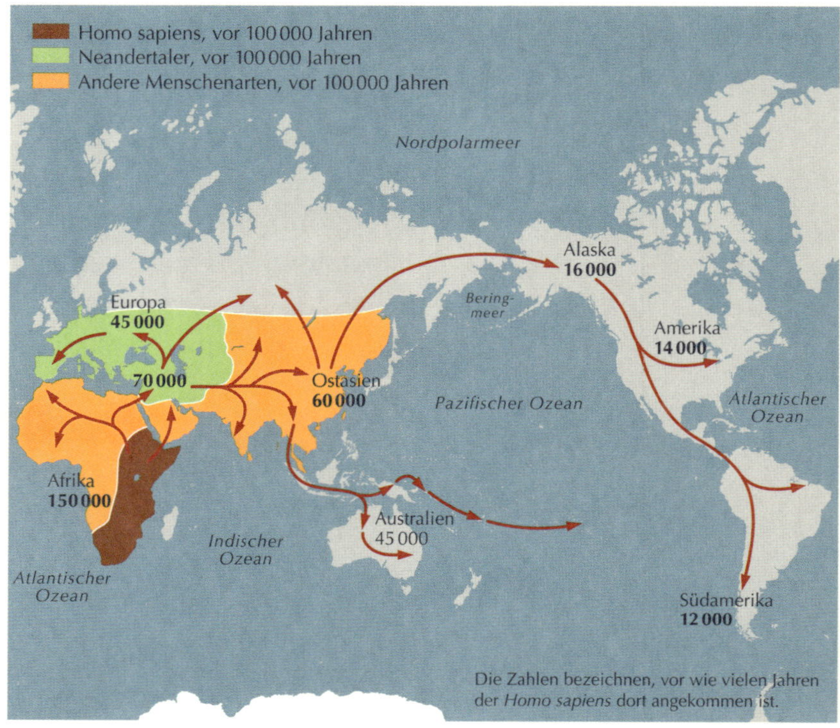

Vor etwa 60 000 Jahren verlassen schließlich die ersten Vertreter des *Homo sapiens* Afrika. Innerhalb weniger Jahrzehntausende breitet er sich über die ganze Welt aus und verdrängt alle anderen dort zum Teil bereits verbreiteten Formen der Gattung *Homo.* Gleichzeitig war dies der längste Wanderzug in der Geschichte der Menschheit. Über das Rote Meer und die Arabische Halbinsel erreichte der *Homo sapiens* vor 55 000 Jahren entlang der Küsten den Südosten und Osten Asiens. Dort traf er auf Spätformen des *Homo erectus,* doch wissen wir derzeit nichts darüber, wie diese Begegnung verlaufen sein könnte. Auf der indonesischen Insel Flores lebte damals mit dem so genannten Flores-Menschen noch eine *Homo-erectus*-Unterart, die auch dem frühen *Homo sapiens* höchst eigentümlich vorgekommen sein dürfte, denn mit nur einem

Meter Körpergröße handelt es sich um die kleinste Menschenart, die jemals entdeckt wurde. Zwar war das Gehirn des Flores-Menschen nur etwa so groß wie das eines Schimpansen, doch dürfen deswegen noch lange nicht seine Fähigkeiten unterschätzt werden: Er jagte in Gruppen, stellte Werkzeuge her und konnte wohl auch sprechen. Mit anderen Worten, ihn zeichneten wichtige Eigenschaften aus, die den Menschen zum Menschen machten.

Zwischen 55 000 und 50 000 vor heute erreichte der *Homo sapiens* Australien bzw. den großen eiszeitlichen Südkontinent Sahul. Kolossale Wassermassen waren damals noch als Eis an den Polkappen gebunden, der Meeresspiegel lag infolgedessen um 120 Meter tiefer als in unseren Tagen, und Neuguinea, Australien, Tasmanien und andere Inseln waren zu jenem Kontinent verbunden. Es stellte eine bedeutende Leistung des *Homo sapiens* dar, die ca. 70 Kilometer breite Wasserstraße, die Südostasien von Sahul trennte, mit Flößen oder Kanus zu überwinden. Diese Tat zeugt von enormem planerischen Denken und ungemeinem Wagemut. In Australien fand der *Homo sapiens* noch späte Mega-Fauna vor: drei Meter große Kängurus, sieben Meter lange Echsen, 50 Kilogramm schwere Schlangen und nashorngroße Wombats. Schon bald hatte er die letzten dieser Spezies erlegt. Interessant ist, dass der *Homo sapiens* erstmals ganze Landstriche durch gezieltes Feuersetzen abbrannte, um dichten Wald in Savanne zu verwandeln, wo Sträucher mit essbaren Früchten besser gediehen und wo sich auch leichter jagen ließ. Damit griff der Mensch noch vor dem Ende der Eiszeit erstmals massiv gestaltend in seine Umwelt ein.

Um 13 000 erreichte der *Homo sapiens* von Nordostsibirien aus Amerika und verbreitete sich dann sehr rasch über den ganzen Doppelkontinent bis in dessen südlichste Teile. Sein Weg nach Amerika führte über die Landbrücke Beringia, die damals noch Sibirien und Alaska verband. Gelegentlich wird spekuliert, ob nicht schon früher – vor etwa 20 000 Jahren – Robbenjäger gleichsam zufällig von Nordwesteuropa aus am Südrand des Eises entlang über Grönland und Nordostkanada nach Amerika gelangt sein könnten, wie im 10. Jahrhundert n. Chr. die Wikinger. Diese These stützt sich allerdings lediglich auf gewisse Ähnlichkeiten zwischen europäischen und amerikanischen Speerspitzen aus Feuerstein, wobei die westeuropäischen um mehrere Jahrtausende älter

Form und Funktionsweise einer Speerschleuder – der ältesten Maschine der Menschheit.

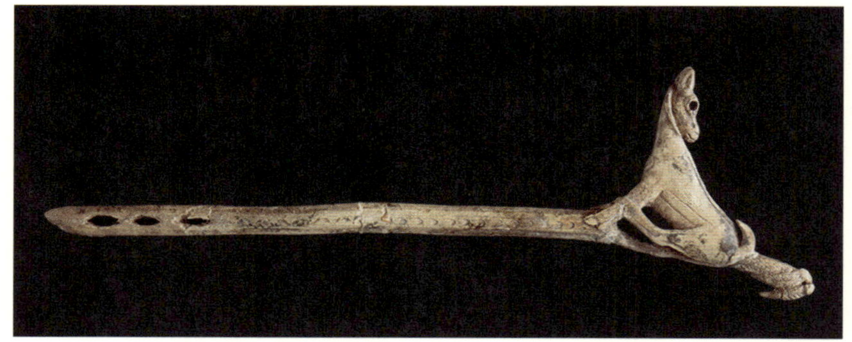

1

2

sind als die in Amerika entdeckten Exemplare. Für die Zuwanderung aus Sibirien gibt es hingegen handfeste Belege, und auch paläogenetische Forschungen an alter DNA bestätigen diese Theorie. Noch heute findet sich im Erbgut so mancher Indianerstämme Erbgut, das uralte Verbindungen zu den Bewohnern Sibiriens erkennen lässt.

Die menschenleeren Gebiete Amerikas mit ihren gewaltigen Säugetieren, von denen manche in großen Herden das Grasland durchzogen, müssen den Zuwanderern wie ein Paradies vorgekommen sein. Mit Speeren und Speerschleudern erlegten sie als erfahrene Jäger wahrscheinlich mühelos Unmengen von Mammuts, Riesenbisons, Riesenfaultieren und Wildpferden. Dies führte sehr schnell zu einer blühenden Kultur, der so genannten Clovis-Kultur, für welche die perfekt gearbeiteten, blattförmigen Speerspitzen aus Silex typisch sind. Die Träger dieser Clovis-Kultur zogen dann von Nordwestamerika über Panama sehr schnell bis nach Patagonien in den äußersten Süden des Doppelkontinents.

Der *Homo sapiens* gegen Ende des Eiszeitalters

So hatte der *Homo sapiens* also noch vor dem Ende der Eiszeit alle Teile der Welt erreicht – extrem unwirtliche Rückzugsgebiete einmal ausgenommen. Doch früher noch, nämlich schon bald, nachdem er vor 40 000 Jahren in Europa eingewandert war, erlebte seine Kultur eine schier unvorstellbare Blüte. Sie äußerte sich in wahren geistigen Höhenflügen und ging einher mit der Schöpfung herausragender Kunstwerke und sogar erster Musikinstrumente. Die kulturellen Errungenschaften und die kulturelle Leistungskraft des modernen Menschen lassen sich deshalb am besten in Europa aufzeigen. Das Auftreten des

Homo sapiens kennzeichnet dort das so genannte Jungpaläolithikum, den letzten Abschnitt der Altsteinzeit vor dem Ende der Eiszeit. Dieses Jungpaläolithikum wird in Europa in vier Perioden untergliedert: in das Aurignacien, das von 38 000 bis 32 000 dauerte, das Gravettien, das von 32 000 bis 24 000 währte, das Solutréen, das sich von 23 000 bis 20 000 erstreckte, und schließlich das Magdalénien, das man in die Zeit von 17 000 bis 12 000 Jahren vor heute datiert.

Die Lebensweise des *Homo sapiens* unterschied ihn nicht grundlegend von der seiner Vorfahren: Er war ein in Gruppen agierender, erfahrener und strategisch überlegt vorgehender Jäger. Er hatte umfängliche Kenntnisse über Pflanzen, die sich zum Verzehr oder zu anderweitiger Verwendung eigneten. Zudem legte er temporäre Lagerplätze an, die er periodisch verlagerte, womit er sich wohl nicht zuletzt dem jahreszeitlichen Wechsel der Natur anpasste. Der *Homo sapiens* bietet das Bild eines spezialisierten Wildbeuters, der sich sehr gut in seiner Umwelt zu bewegen wusste und sie bis zu einem gewissen Grad auch beherrschte. Er erfand aber auch neue Gerätschaften, die von seinem enormen Erfindungsgeist künden. Hatte Fisch einen festen Platz im Speiseplan des *Homo sapiens*, so erleichterte die von ihm entwickelte Knochenharpune den Fischfang bedeutend. Als weiteres von ihm erdachtes Gerät gilt die Speerschleuder, die Geschwindigkeit, Durchschlagskraft und Zielgenauigkeit eines Speerwurfs enorm zu verbessern half. Gegen Ende des Pleistozäns, also um 12 000 vor heute, kamen dann noch Pfeil und Bogen hinzu – eine Waffe, die sich bis in die Neuzeit des Menschen hielt und erst mit der Erfindung des Schießpulvers allmählich an Bedeutung verlor. Alle diese Erfindungen des *Homo sapiens*, die ausschließlich mit einer Optimierung seiner Jagdstrategien einhergingen, waren geradezu revolutionär.

Wie der Mensch auf den Hund kam

Dies gilt auch für die älteste Domestikationsleistung des Menschen, nämlich Zähmung und Zucht des Hundes im Magdalénien; der Vierbeiner entwickelte sich seit dem ausgehenden Pleistozän zum ständigen Begleiter des modernen Menschen. Der Hund ist nicht nur das älteste Haustier, sondern zugleich das einzige, das von Jägern und Sammlern domestiziert wurde. Bemerkenswert ist, dass bei dieser Domestikation nicht der Ernährungsgedanke im Vordergrund stand, weil der Hund nicht verspeist wurde, sondern es dem Menschen von Anfang an in erster Linie darum ging, einen Begleiter und Gehilfen bei der Jagd und zur Wacht zu gewinnen. Zweifellos gab es in der Beziehung zwischen Mensch und Hund von Anfang an auch emotionale Aspekte. Allein schon die Tatsache, dass Hunde bereits im späten Magdalénien zusammen mit Menschen beerdigt wurden, unterstreicht ihre ganz besondere Beziehung zueinander. Dieser Eigentümlichkeit kam das Sozialverhalten des Hundes entgegen, das Parallelen zu dem des Menschen aufweist – so kann er sich beispielsweise als Rudeltier auch einem Menschen unterordnen. Zudem vermag er Gesten und Mimik des Menschen zu deuten, was Kommunikation und Zusammenleben erleichtert.

Mit der Nähnadel in die Eiszeitwelt

Eine ganz besondere Erfindung, die in ihrer Bedeutung nicht hoch genug zu veranschlagen ist, stellt die Nähnadel dar. Dieses aus Knochen gefertigte Instrument war von enormer Wichtigkeit, weil es den modernen Menschen einerseits in die Lage versetzte, erste Kleidungsstücke herzustellen. Andererseits belegt ihre Existenz, dass der *Homo sapiens* auch in der Lage gewesen sein muss, entsprechende Fäden anzufertigen – sei es aus organischem Material oder aus Tiersehnen. Damit ließen sich Felle und Tierhäute besser verbinden und abdichten, was Qualität und Dichte sowohl der Bekleidung als auch der Abdeckungen von Hütten in Kaltgebieten verbesserte. Im Hinblick auf Erfindungsgeist, Phantasie, Planungsvermögen und strategisches Denken übertraf der *Homo sapiens* seine Vorfahren deutlich und scheint dem heutigen Menschen bereits viel näher als jene, weshalb wir mit Recht nicht nur vom anatomisch, sondern auch vom kulturell modernen Menschen sprechen.

Der Kult für die Toten und die Kunst für die Lebenden

Befasste sich bereits der Neandertaler mit dem Jenseits, so nahm die Bedeutung des Totenrituals beim *Homo sapiens* nochmals erheblich zu: Die Verstorbenen wurden sorgfältig gebettet und erhielten erstmals Grabbeigaben. Gegen Ende des Pleistozäns finden sich Hinweise auf einen ausgeprägten Schädelkult. Schnittspuren an Menschenknochen lassen zudem die Frage nach (rituellem) Kannibalismus aufkommen; beides lebte im nachfolgenden Mesolithikum fort. Kultisch-rituell begründete Praktiken nahmen an Bedeutung zu; bei den Vorfahren des *Homo sapiens* wären diese Phänomene noch undenkbar gewesen.

Entsprechendes gilt für die Kunst, der der *Homo sapiens* zum Durchbruch verhalf. Zeugen Anhänger, Ketten und auf der Kleidung aufgenähte Perlen bereits von einem gesteigerten Schmuckbedürfnis, so repräsentieren Statuetten aus Elfenbein, Knochen und gebranntem Ton sowie weltweit verbreitete Höhlenmalereien die erste wahrhaft große Kunst der Menschheit. Felsbilder und plastische Figurinen lassen zeitlich wie auch geografisch unterschiedliche Schwerpunkte erkennen, die bisweilen regelrechte Kunstprovinzen widerspiegeln.

Besonders ausdrucksstark sind Elfenbeinfigurinen von Tieren wie Pferd, Mammut, Wisent oder Löwe sowie Tier-Mensch-Mischwesen. Bedeutende Beispiele dieses plastischen Kunstschaffens kennen wir aus Höhlen der Schwäbischen Alb. Am berühmtesten ist gewiss der so genannte Löwenmensch aus der Stadel-Höhle im Lonetal. Die aus Mammutelfenbein gearbeitete Figur zeigt eine menschliche Gestalt in aufrechter Haltung, mit Beinen und Bauchnabel, während die obere Partie einen Höhlenlöwen wiedergibt und vom Kopf einer Raubkatze bekrönt ist. Das Stück spiegelt in einzigartiger Weise die besonders phantasievolle Vorstellungswelt des Aurignacien auf der Schwäbischen Alb wider. Neuere Untersuchungen am Fundort haben ergeben, dass sich in der Höhle unterschiedliche Funktionsbereiche unterscheiden lassen. In der Nähe des Fundplatzes des Löwenmenschen stieß man auf Schmuck aus Tierzähnen und Anhänger aus Elfenbein. Handelte es sich bei dieser Stelle möglicherweise also um einen Kultplatz?

Etwas jünger sind die so genannten Venus-Figuren des Gravettien. Zu den berühmtesten gehört die Venus von Willendorf in Niederösterreich. Diese teilweise stark stilisierten Frauenfiguren mit ihrer charakteristischen Überbetonung der Geschlechtsmerkmale waren zu jener Zeit vom Atlantik bis tief nach Russland hinein verbreitet. Sie belegen damit in weiten Teilen Europas übereinstimmende geistige Vorstellungen, die sich offenbar um eine Art von Fruchtbarkeitsglauben drehten.

So bemerkenswert die Ausdruckskraft der so genannten Venus-Statuetten auch ist, die Dynamik und Lebendigkeit insbesondere der südwestfranzösischen und nordspanischen Höhlenmalereien blieben auch noch Jahrtausende nach dem Ende der Eiszeit und der Sesshaftwerdung des Menschen unübertroffen. Die Kunst der Eiszeit bezeugt gleichermaßen Abstraktionskraft und eine hoch entwickelte Beobachtungsgabe von Formen und Bewegungen; so war man bereits in der Lage, räumliche Tiefe und Perspektive ins Bild zu setzen. Mit diesen Malereien schuf der *Homo sapiens* erstmals Weltkunst, die bis heute nichts von ihrer Strahlkraft verloren hat. Die Felsbilder waren dabei gewiss auch Mittel visueller Kommunikation, die bereits über feste Zeichen und Symbole verfügte.

Das zentrale Thema der Felsmalerei ist die Tierwelt. In besonderer Gunst standen dabei Lebewesen, die durch Kraft oder Schnelligkeit die Menschen besonders beeindruckten; sie spiegeln dabei auch die regionale Umwelt ihrer Schöpfer wider. Interessant erscheint die Tatsache, dass die Tiere überwiegend in ruhigen Positionen, mitunter auch in Bewegung dargestellt wurden, aber nie in aggressiver Haltung. Szenen etwa, in denen Raubtiere ein anderes Lebewesen reißen oder gar Menschen bedrohen, fehlen völlig in der eiszeitlichen Kunst.

Es ist mehrfach darüber spekuliert worden, inwieweit diese künstlerische Ausdrucksform als kultische, ja magische Handlung zu deuten sein könnte. Versuchte der Mensch damals, über die Kunst Einfluss auf die Natur zu nehmen? So hat man vermutet, dass das Zeichnen der Tiere möglicherweise ihre Kraft und ihr Bedrohungspotential bändigen sollte; demnach wäre das Kunstschaffen des frühen Menschen gleichsam ein Weg gewesen, sich der Tierwelt und der natürlichen Umwelt insgesamt zu bemächtigen.

Doch die Deutung der Eiszeitkunst bleibt ein hochspekulatives Unterfangen. Schon früh wollte man in diesen Bildern Belege für schamanistische Rituale erkennen; insbesondere die oben erwähnten Mischwesen wurden mit Trancephasen der Schamanen in Verbindung gebracht. Man hat gar vermutet, dass sich vielleicht die Künstler selbst durch Rauschmittel – etwa durch Pilze – in einen Trancezustand ver-

Der so genannte Löwenmensch von der Schwäbischen Alb, ein aus Mammutelfenbein gearbeitetes Mischwesen der Späteiszeit, ist etwa 35 000 Jahre alt und knapp 30 Zentimeter groß.

setzten, in dem sie dann die Bilder schufen. Belegen lässt sich das alles nicht. Die Bilder der Eiszeitkunst sind weitgehend hermetische Repräsentationen ihrer Zeit. Wenn man ihnen diese Fremdheit zugesteht, bedeutet das nicht, dass man der jungpaläolithischen Kultur – unter Einbeziehung dieser Kunstäußerungen – animistische Züge absprechen müsste. Aber wir wissen einfach nicht, ob diese Bilder Platzhalter für Ahnen waren oder mit Jagdmagie, Initiationsriten oder anderen kultischen Handlungen in Verbindung standen. Mit Sicherheit aber dürfen wir davon ausgehen, dass die so reich mit Wandmalereien ausgestatteten Höhlen, wie jene von Lascaux oder Altamira oder auch die vielen anderen in Portugal bis Norditalien, einst auch als Kultplätze dienten.

Die Eiszeitkunst hat – wie auch immer sie im Einzelnen zu deuten sein mag – die menschliche Kulturgeschichte über 25 000 Jahre hinweg nachhaltig geprägt. Ihre uns erhaltenen Zeugnisse sind nicht in spontanen, emotionalen Einzelaktionen entstanden; vielmehr wurden die Bilder nach und nach und etliche erkennbar planvoll angefertigt. Viele Generationen haben sie gesehen und ihre Botschaften verstanden – ein Prozess gesellschaftlicher Tradition, an der die ganze Gruppe teilgenommen hat. Kunst und Symbolik des Eiszeitalters konnten nur entstehen, weil geeignete soziale und kognitive Vorbedingungen gegeben waren. Solche Darstellungen setzten die Fähigkeit, ja das Bedürfnis zur Weitergabe von Botschaften voraus.

Diese Kunst basierte zudem auf der Fähigkeit, in der Vergangenheit zu lesen und in die Zukunft zu denken. Es scheint wenig glaubhaft, dass diese Botschaften nur bei der Verarbeitung von Geschehenem oder Gegenwärtigem helfen sollten, ohne nicht auch künftige Situationen oder Bedürfnisse in den Blick zu nehmen und ins Bild zu setzen. Beides erforderte ein beträchtliches Maß an Abstraktionsfähigkeit. Letztere benötigt aber auch gesellschaftliche Akzeptanz, um kulturelle Verbreitung zu finden. Möglicherweise war erst zu Beginn des Jungpaläolithikums ein entsprechendes Ausmaß an sozialer Offenheit gegeben, die das Entstehen dieser Kunst als ganz besonderes Kommunikationsmittel zugelassen und befördert hat. Die individuelle Fähigkeit und Vorstellungskraft dazu mag bereits früher vorhanden gewesen sein, doch in einer Gruppe können sich neuartige Ideen und Entwicklungen erst dann dauerhaft durchsetzen, wenn ein gewisser gesellschaftlicher Bedarf besteht, dass diese Gedanken und Fertigkeiten auch zum Einsatz kommen.

Diese besonders eindrucksvolle Eiszeitkunst entstand anscheinend im Südwesten Europas, und ihre Anfänge liegen dort exakt in jener Zeit, als der nach Europa eingewanderte moderne Mensch gerade noch mit dem Neandertaler zusammenlebte. So plötzlich, wie dieses Kunstschaffen vor 40 000 bis 35 000 Jahren entstanden war, so abrupt brach es am Ende der Eiszeit wieder ab. Das die Eiszeitkunst tragende Milieu war verschwunden und mit ihm offenbar auch die Mythen und die Geschichten, die hinter diesen Bildern standen.

Bemerkenswert ist, dass gleichzeitig mit dem Aufkommen dieser frühen bildenden Kunst auch erste Musikinstrumente geschaffen wurden: einfache Flöten aus Röhrenknochen. Malerei, plastische Kunst und Musik entstanden also annähernd gleichzeitig und im engen Zusammenhang miteinander. Dies lässt an kultische Handlungen, vielleicht auch an Ritualfeste denken – gerade im Umfeld der grandiosen Höhlen-

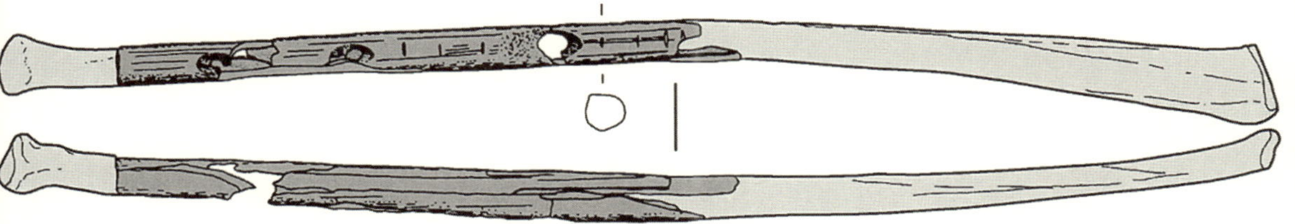

Späteiszeitliche Flöten aus Röhrenknochen, die ältesten Musikinstrumente der Menschheit.

malereien. Felswände mit farbigen Handabdrücken von Erwachsenen und Kindern lassen zudem die Frage aufkommen, inwieweit die Wildbeutergemeinschaft oder vielleicht sogar die Familie als Ritualgemeinschaft verstanden wurde. Ritual aber kommt nicht ohne Sprache aus, und der *Homo sapiens* besaß dafür nicht nur die kulturellen, sondern auch die anatomischen Voraussetzungen, wodurch er in nahezu jeglicher Hinsicht mit dem heutigen Menschen vergleichbar wird.

Ein neues Zeitalter kündigt sich an

Vor 14 000 bis 13 000 Jahren schwankte die Klimakurve erneut beträchtlich und führte letztlich zum Ende der Altsteinzeit. Die klimatischen Verhältnisse wurden dauerhaft milder, allerdings immer wieder unterbrochen von kurzen Phasen heftiger Temperaturrückgänge. Zu einem letzten Aufbäumen des Glazials kam es um 12 700 v. Chr. Nördlich der Mittelgebirge breiteten sich arktische Kaltsteppen aus, südlich davon entstand lichter Kiefernwald. Während dieser spätglazialen Klimaschwankungen veränderte sich die Tierwelt grundlegend. Die typischen Vertreter der Eiszeit, die großen Pflanzenfresser Mammut und Wollnashorn sowie auch das Rentier, verschwanden. Wenn wir heute aus dieser Epoche einfache Flöten aus Röhrenknochen entdecken, so stammen sie von anderen Arten, die damals einwanderten und in den gemäßigten Wäldern ihr Habitat, ihren Lebensraum, fanden: Rothirsch, Reh, Wildschwein und Auerochs. Um 9600 v. Chr. war das Pleistozän schließlich zu Ende und die Nacheiszeit begann.

Der Mensch durchlief also bis zum Ende der Eiszeit eine erstaunliche Entwicklung. Die Lebens- und Wirtschaftsweise des als Jäger, Fischer und Sammler spezialisierten Wildbeuters hatte sich bis zu diesem Zeitpunkt nahezu auf der ganzen Welt verbreitet. In vielerlei Hinsicht gebührt dem *Homo sapiens* Bewunderung dafür, dass ihm der große Durchbruch zur kulturellen Modernität gelang, wenn auch entscheidende Innovationen im Hinblick auf die Lebens- und Wirtschaftsweise zum Teil noch bis in die Zeit des *Homo erectus* zurückreichen. Revolutionäre Neuerungen einerseits und über Jahrzehntausende sich erstreckende Traditionen andererseits prägten mithin gleichermaßen die Geschichte des altsteinzeitlichen Menschen auf allen Kontinenten und bildeten die Basis für die nachfolgende Entwicklung.

4
Sesshaftwerdung und frühe Landwirtschaft – die erste Revolution

Der Wald kehrt zurück

Das Ende der Eiszeit um 12 500 v. Chr. brachte eine nachhaltige Veränderung des Klimas mit sich. In Mitteleuropa wurde es deutlich wärmer und feuchter. Als Folge verschwanden die offenen Grassteppen mit ihren Rentier- und Wildpferdeherden, ferner kam es zu einem Rückgang von Wildgetreide und anderen essbaren Pflanzen, die ein offenes, steppenartiges Biotop bevorzugen. Stattdessen verbreiteten sich Wälder in diesem Teil des Kontinents, die zur Heimat für eine andere Tierwelt wurden – insbesondere für das Rotwild, das der neuen Vegetationsform folgte. Mit den Wäldern kamen auch Haselsträucher, und die Haselnuss wurde in den ersten Jahrtausenden nach der Eiszeit zu einem der wichtigsten Nahrungsmittel des Menschen in Mitteleuropa. Man könnte diese Zeit der nacheiszeitlichen Jäger und Sammler also auch als «Haselnusszeit» bezeichnen, doch die Forschung spricht von Mittelsteinzeit oder Mesolithikum.

Tonnenschwerer Steinpfeiler (1,45 Meter hoch) mit Raubtierdarstellung vom Göbekli Tepe, Südosttürkei.

Weil die Jagd und die Suche nach essbaren Pflanzen in dichtem Wald erheblich schwieriger war als in den offenen Steppenlandschaften der späten Eiszeit, verlagerte sich der Schwerpunkt der Besiedlung im Weiteren an Flussläufe, Seeufer und Meeresküsten. Die Flüsse wurden zu den besonders wichtigen Kommunikationswegen, und so stammen aus dieser Zeit auch die ersten Einbäume und hölzernen Paddel, die wir von unseren Vorfahren finden.

Die rätselhaften Funde von Lepenski Vir

Wie in den Jahrzehntausenden zuvor, so lebten auch die Menschen dieser Zeit als mobile Jäger, Fischer und Sammler. Von ihnen finden wir Lagerplätze, die sie nur saisonal aufsuchten und an denen sich spärliche Reste einfacher Behausungen und Feuerstellen zeigen. Nur ein Fundplatz sticht in jeder Hinsicht heraus: Lepenski Vir auf der serbischen Seite des Donaudurchbruchs, am so genannten Eisernen Tor. Dieser Fundplatz aus dem 7. Jahrtausend v. Chr. ist in jeder Hinsicht einzigartig für das europäische Mesolithikum. Die Landschaft am Eisernen Tor besteht aus engen Schluchten. Auf einer schmalen Terrasse oberhalb der Donau hatte man dort kleine Trapezhäuser angelegt. Die Menschen lebten dort vorwiegend vom Fischfang; gleichzeitig jagten und sammelten sie in den nahen Wäldern. Die Trapezhäuser stellen uns auch heute noch vor so manches Rätsel: Zum Wohnen erscheinen sie fast zu klein, ihre Form mutet ungewöhnlich an, und vielfach wurden sie nachträglich auch noch als Grabstätten genutzt. Nicht weniger rätselhaft wirken die zahlreichen Skulpturen aus Sandstein, die man in Lepenski Vir fand: Sie zeigen Gesichter von Tieren und Fischen, auch anthropomorphe – menschengestaltige – Elemente, dazu Wellenlinien, die vielleicht die Donau andeuten könnten. Bildeten die Menschen von Lepenski Vir eine Art mittelsteinzeitlicher Künstlerkolonie oder gar eine zurückgezogen lebende Sektengemeinschaft? Noch wissen wir es nicht.

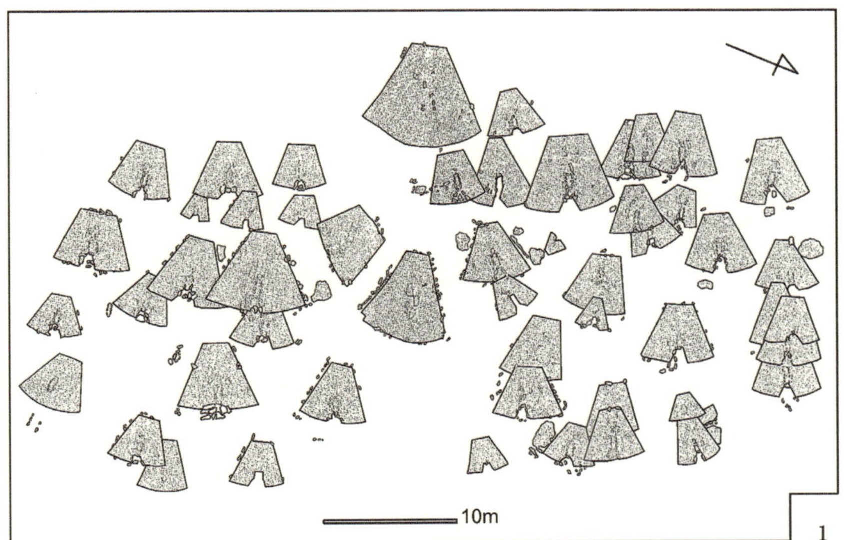

1

2

Plan der mesolithischen Siedlung (1) und Sandsteinskulptur (2) von Lepenski Vir am Eisernen Tor, Serbien.

Hinweise auf besonders motivierte religiöse Rituale finden sich aus jener Zeit aber auch andernorts in Mitteleuropa. So kennen wir Hirschgeweihmasken, die vielfach in den Gräbern neben dem Kopf der Verstorbenen niedergelegt wurden. Man hatte sie bei bestimmten Ritualen getragen, bei denen der Mensch in die Rolle eines Hirsches schlüpfen musste. Von Sonderritualen zeugen auch Skelett- und Knochenhaufen, die bisweilen von mehr als hundert Individuen stammen. Zu diesen Phänomenen gehören auch so genannte Schädelnester, wie beispielsweise jenes aus der großen Ofnet-Höhle im Nördlinger Ries in Bayern. Solche Befunde deuten auf einen ausgeprägten Schädelkult hin; Schnittspuren und andere Spuren von Gewaltanwendung sind nicht zu übersehen. Diese Spuren sprechen für rituellen Kannibalismus und Menschenopfer; mit normalen Bestattungen hatte das, was dort geschah, jedenfalls nichts zu tun. Man kann sich gut vorstellen, dass der Wandel der Umwelt und des Lebens nach dem Ende der Eiszeit als so fundamental empfunden wurde, dass er rituell verarbeitet werden musste. Bis heute findet der Mensch immer dann zu ausgeprägter Religiosität und flüchtet sich beispielsweise in Sekten, wenn der Rahmen seines Lebens aus den Fugen zu geraten scheint und er im Transzendenten einen neuen Halt sucht.

Die Anfänge der neolithischen Revolution im Fruchtbaren Halbmond

Anders als in Mitteleuropa blieb das Klima im Nahen Osten unverändert trocken und warm. Folglich änderten sich auch die Lebensumstände nicht, und die Menschen existierten weiter wie auch schon in den vorangegangenen Jahrtausenden. Doch seit dem 11. Jahrtausend v. Chr. begannen die Wildbeuter an der Levante auch bereits Wildformen von

Weizen und Gerste zu sammeln. Mörser und Reibsteine in den Siedlungen belegen, dass man dieses Wildgetreide auch weiterverarbeitete. Im 10. Jahrtausend v. Chr. erfolgte dann der entscheidende Durchbruch in der Nahrungsbeschaffung: Im so genannten Fruchtbaren Halbmond von der Levante im Westen über die Südosttürkei im Norden bis zum westiranischen Zagros-Gebirge im Osten wurden Wildgetreidearten fortan nicht mehr nur gesammelt, sondern bereits in einer Art Gartenbauweise angebaut und domestiziert. Aus der Zeit seit 9000 v. Chr. finden wir dort die Siedlungsreste regelrechter Dörfer, deren Bewohner Einkorn, Emmer, Gerste und sogar Hülsenfrüchte kultivierten.

Auf ganz ähnliche Weise erfolgte die Domestikation von Tieren. Jahrtausendelang jagte der Mensch alle möglichen Wildtiere. Er hatte dadurch ein umfassendes Wissen über ihr Verhalten erworben. Die ersten Schritte zur Domestikation bestanden im Einfangen und Zähmen von jungen Wildtieren. Schon in der späten Eiszeit züchtete der Mensch auf diese Weise den Hund, sein erstes Haustier – wenn auch, wie gesagt, nicht zu Ernährungszwecken. Ab 8000 v. Chr. folgten dann Schafe, Ziegen und Rinder.

In diese Zeit des Übergangs zur Landwirtschaft gehört der Göbekli Tepe – ein gigantisches Kultzentrum aus dem 10. Jahrtausend v. Chr., im Südosten Anatoliens gelegen. Dort hat der viel zu früh verstorbene Prähistoriker Klaus Schmidt zahlreiche große Steinkreise freigelegt und bei geophysikalischen Untersuchungen noch viele weitere nachgewiesen. Im Zentrum eines jeden Steinkreises stehen tonnenschwere T-förmige Pfeiler, die vielfältige Reliefverzierungen tragen, die aus Tierbildern, Phallusdarstellungen, Befruchtungsszenen und anderen Motiven bestehen. Ähnlich der christlichen Symbolik heutiger Kirchen sind es Zeichen, die von den Menschen ihrer Zeit gelesen werden konnten, uns heute jedoch rätselhaft erscheinen.

Steinkreise und weitere Steinbauten vom Göbekli Tepe, Südosttürkei.

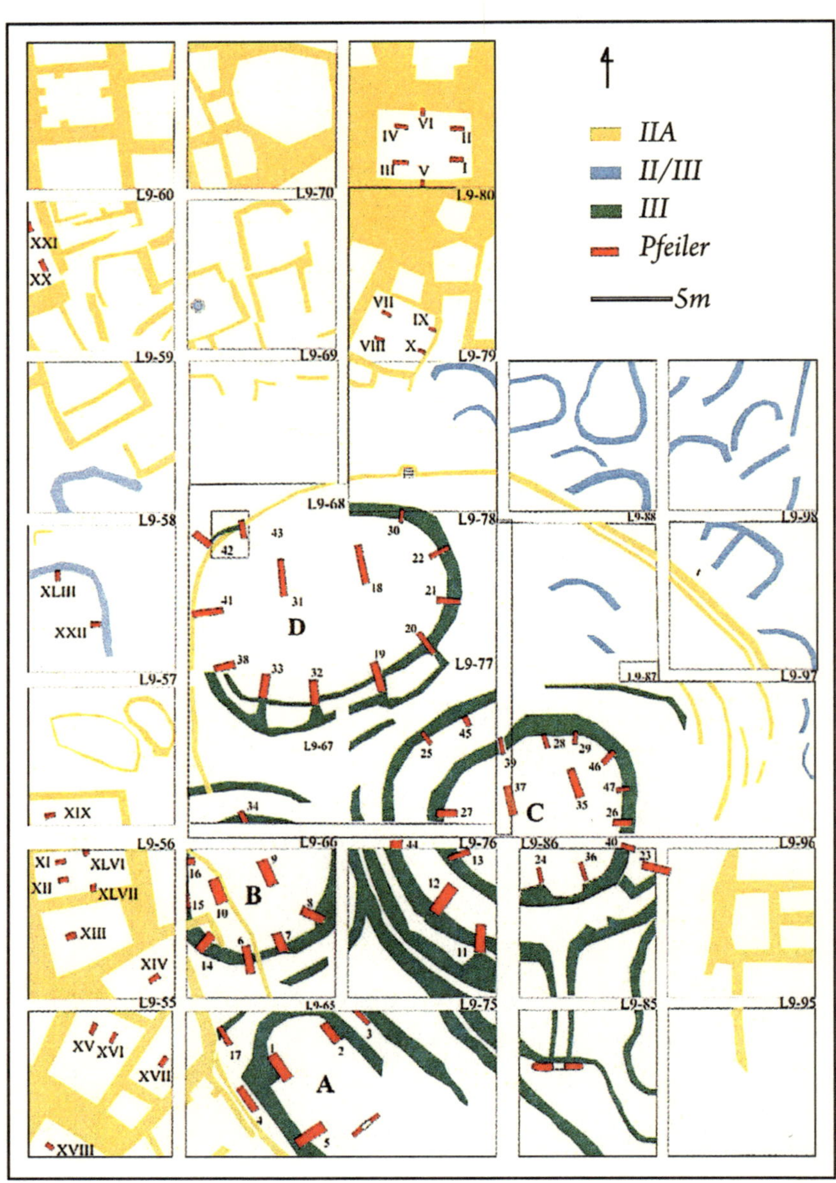

Der Göbekli Tepe war ein überregionales Kultzentrum. Es wurde von Jägern und Sammlern errichtet, die bereits mit Landwirtschaft und Viehzucht experimentierten. Man fand sich dort zu riesigen Ritualfesten zusammen, die das Gefühl der Zusammengehörigkeit großer Wildbeutergemeinschaften fördern sollten. Dabei stellt sich die Frage, ob die Landwirtschaft möglicherweise deshalb entstanden ist, um erst die Voraussetzungen für solche gigantischen ritualisierten Gemeinschaftsmähler überhaupt zu schaffen. Allein die Jagd und das Sammeln essbarer Pflanzen hätten kaum solche Unmengen an Nahrungsmitteln liefern können. Manche Forscher führen den Beginn des Getreideanbaus auch auf einen extensiven Konsum von Bier und anderen vergorenen Getreidesäften zurück; doch die Annahme, extremer Alkoholkonsum habe zu Sesshaftigkeit und produzierendem Wirtschaften geführt, erscheint doch als recht steile These. Mit dieser Relativierung soll aber nicht die Bedeutung von Rauschgetränken für die frühen Kulturen bestritten werden. Wissen wir doch beispielsweise aus frühen schriftlichen Aufzeichnungen seit dem 4. Jahrtausend v. Chr., dass in den alten Hochkulturen des Nahen Ostens und Ägyptens die Produktion von Bier als dem Rauschmittel schlechthin überaus wichtig war. Es ist sicher nicht übertrieben zu sagen, dass es für den Menschen stets eine große Rolle spielte, sich zu bestimmten Anlässen zu berauschen.

Der Göbekli Tepe legt auf jeden Fall den Gedanken nahe, dass die ins Extrem gesteigerten Formen eines – wohl regelmäßig – gemeinschaftlich praktizierten Rituals vielleicht auch eine Art der Verarbeitung des fundamentalen Wandels gewesen sein könnten, den der Übergang vom aneignenden zum produzierenden Wirtschaften bereits damals im Bewusstsein der Menschen darstellte. Sesshaftes Leben und die Domestikation von Pflanzen und Tieren führten zu einer grundlegend neuen Auseinandersetzung mit Natur und Umwelt. Zugleich war es der Bruch mit einer Lebensform, die den Menschen über Hunderttausende von Jahren geprägt hatte. Landwirtschaft setzte Sesshaftigkeit voraus und führte zur Gründung von Dörfern, die das ganze Jahr über bewohnt waren. Die Periode dieses dramatischen Wandels bezeichnet die Forschung als Jungsteinzeit oder Neolithikum. Der Beginn des Neolithikums war eine der grundlegendsten Veränderungen der Menschheitsgeschichte, vielleicht sogar die bedeutendste vor dem Anbruch des digitalen Zeitalters. Sesshaftigkeit und produzierendes Wirtschaften prägten die Weiterentwicklung der Gesellschaft und waren die Grundlagen für die zivilisatorischen Entwicklungen der folgenden Jahrtausende. Nicht ohne Grund sprach der britische Archäologe Gordon Childe daher auch von der «neolithischen Revolution».

Der Mensch griff fortan massiv in die Natur ein, er rodete Wälder, um das dadurch gewonnene Land in Weidegründe und Ackerflächen umzugestalten. Die neue Wirtschaftsweise brachte aber auch Veränderungen in der Sachkultur mit sich. Aus Felsgestein geschliffene Beile und Äxte fanden sowohl bei der Verarbeitung von Holz für den Hausbau als auch beim Feldbau Verwendung. Man brannte erstmals Tongefäße, die der Aufbewahrung und Verarbeitung von pflanzlicher Nahrung und tierischen Produkten wie etwa Milch und Käse dienten. Während die Milch natürlich rasch verzehrt werden musste, mag es durchaus sein, dass – ähnlich wie noch heute bei Steppenbewohnern in Kasachstan oder der Mongolei – man mit harten Käsen bereits lange Haltbarkeit erreicht hat. Die Keramik solcher Vorratsgefäße beispielsweise wurde jedenfalls besonders im Neolithikum zu einem wichtigen Ornamentträger; in ihren Verzierungen erkennen wir regionale Unterschiede und dahinter wiederum bewusst gewählte Identitäten und Abgrenzungen von Siedelverbänden. Später verlor die Keramik diese Bedeutung wieder; in jüngeren Epochen wird sie zu einem weitgehend schmucklosen Massenprodukt.

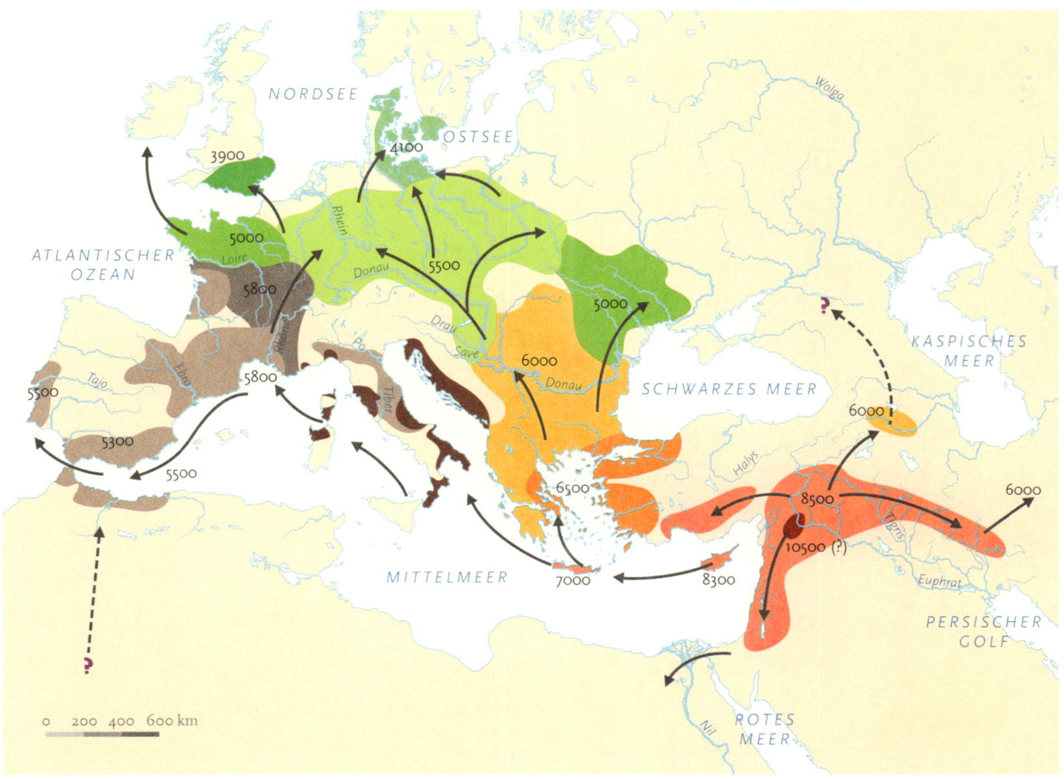

Die Ausbreitung des Neolithikums vom Nahen Osten bis nach West- und Nordeuropa.

Die Gebiete des so genannten Fruchtbaren Halbmonds zwischen der Levante und dem Zagros-Gebirge gelten als jene Region, in der sich die weltweit frühesten Hinweise auf Ackerbau und Viehzucht fanden. Diese neue Lebens- und Wirtschaftsweise verbreitete sich im weiteren Verlauf der Geschichte flächendeckend in alle Himmelsrichtungen – in das mesopotamische Tiefland und ins ägyptische Niltal ebenso wie über das Iranische Hochland bis nach Mittelasien und ins Industal sowie über Anatolien und die Ägäis bis nach Europa.

Gesellschaft und Landschaft in der Jungsteinzeit

Die Vorteile produzierenden Wirtschaftens lagen auf der Hand: Solange die Verbände als Wildbeuter durch die Lande zogen, konnte es sein, dass sie bei einem erfolgreichen Jagdzug mit einem Mal Unmengen an Fleisch zur Verfügung hatten und eine kurze Zeit des Überflusses anbrach – kurz nur deshalb, weil die Möglichkeiten der Konservierung sehr, sehr begrenzt waren: Trocknen, Braten, Räuchern. Doch selbst, wenn man diese nutzte, stellte sich die Frage, wo man diese Lebensmittel aufbewahren sollte; dauerhaft war solch ein Segen jedenfalls nicht nutzbar. Wenn man aber eine Viehherde hielt, verfügte man gleichsam über eine Art von ‹mobilem Kühlschrank›, auf dessen Vorräte man genau dann und in dem Maße zugreifen konnte, in dem man ihrer bedurfte. Was hingegen die Feldwirtschaft betrifft, so brauchte man keine riesigen Streifgebiete mehr, um Wildgetreide zu sammeln; man konnte vielmehr Nahrungsmittel auf geringer, überschaubarer und gut beherrschbarer Fläche erzeugen, auch wenn damit ein höherer Arbeitseinsatz verbunden war. Ja, es ließ sich sogar ein landwirtschaftlicher Überschuss produzieren. Dieser wurde – das wissen wir aus entsprechenden Funden – zunächst gemeinschaftlich gespeichert, und zwar in Speicherbauten, die von den Wohnbauten abgesetzt waren. So gestaltete sich der Umgang mit dem, was die Siedelgemeinschaft auch gemeinschaftlich produziert hatte. Darüber hinaus aber kennen wir auch Siedlungsstellen, in denen jedes Haus über seinen eigenen Speicherbereich verfügte. Man darf hinter solch einem Befund den Anfang des Privateigentums vermuten.

Wie dem auch sei: Die neue Wirtschaftsform erlaubte es, die Sicherstellung der Versorgung mit Nahrungsmitteln zu planen, ja gezielt

Überschussproduktion zu betreiben. Dadurch wurde Bevölkerungswachstum möglich. Sesshaft lebende Frauen wurden außerdem öfter schwanger als Frauen in den Clans umherziehender Wildbeuter. Doch wuchs in der Folge dieses grundlegenden Wandels nicht nur die Bevölkerung deutlich, sondern es konnte im Zusammenhang damit auch zu wachsenden Spannungen und gewaltsamen Auseinandersetzungen kommen, wenn es etwa um neue Anbau- und Weideflächen oder um den Zugang zu für die Siedelgemeinschaft wichtigen Wasserquellen ging.

Sesshaftes Leben ließ auch neue soziale Organisationsformen entstehen. Es kam zu einer stärkeren Profilierung des Individuums, und allmählich bildeten sich Anführer und soziale Unterschiede heraus, die sich etwa durch die Grabbeigaben für die Betreffenden nachweisen lassen. Auch der kultisch-magische Bereich blieb nicht unberührt von diesem Wandel: Sesshaftwerdung und Landwirtschaft führten zu einem regelrechten Fruchtbarkeitskult, den wir etwa an der Produktion üppiger weiblicher Statuetten mit besonderer Betonung der Geschlechtsorgane erkennen können.

Bäuerliches Leben brachte jedoch nicht nur Vorteile. Die Arbeit des Landwirts war oftmals deutlich schwerer als das Leben des Wildbeuters. Ernährung wurde zwar planbar, gleichzeitig aber war man Naturkatastrophen und Missernten ausgeliefert, die zu Hungerkatastrophen führen und das Überleben ganzer Siedelgemeinschaften bedrohen konnten. Aufgrund der Grabfunde von Ackerbauern ist außerdem eine meist deutlich einseitigere Ernährung, ja eine regelrechte Mangelernährung festzustellen. Im Vergleich zu Wildbeutern ging auch die Körpergröße der Landbevölkerung leicht zurück, weil es wegen des reduzierten Fleischgenusses zu einer geringeren Proteinzufuhr kam.

Auch die Lebenserwartung verringerte sich, denn mangelnde Hygiene in dicht bevölkerten Dörfern führte zur Entstehung und Ausbreitung von

Krankheiten. Insbesondere das Zusammenleben mit Haustieren auf engstem Raum führte dazu, dass Krankheitserreger der Tiere auf den Menschen übertragen wurden und durch Mutationen zu einer ernsthaften Bedrohung werden konnten. Es dürfte zu wahren Epidemien mit teilweise fatalen Folgen gekommen sein – vergleichbar etwa mit der Wirkung der von Europäern eingeschleppten Krankheiten auf die indianischen Ureinwohner Amerikas.

Im Zusammenhang mit dem produzierenden Wirtschaften betrieb der Mensch erstmals auch Raubbau an seiner Umwelt: Die großflächige Rodung von Waldgebieten durch Abholzungen und Feuersetzen führte zu unnatürlich hohen Kohlendioxydwerten und damit bereits im Neolithikum zum ersten Treibhauseffekt der Menschheitsgeschichte, ein Problem, das uns bis heute beschäftigt, wenn auch in ganz anderen Dimensionen.

Man darf also mit Fug und Recht davon sprechen, dass die Neuerungen, die produzierendes Wirtschaften und sesshaftes Leben für den Menschen brachten, wahrhaft «revolutionär» waren, und zwar insofern, als sie sein Leben für alle Zeit grundlegend veränderten. Eine «Revolution» im Sinne eines plötzlich auftretenden, innerhalb kürzester Zeit alle Lebensumstände umwälzenden Ereignisses waren diese Innovationen hingegen nicht, zeigten sie sich doch letztlich als das Ergebnis eines sich über Jahrtausende hinweg vollziehenden Prozesses. Es ging allen unseren Vorfahren der Frühzeit stets um eine fortgesetzte Optimierung der Lebensverhältnisse, wobei der Mensch sein kontinuierlich gewachsenes Erfahrungswissen über die Natur und die Umwelt gewinnbringend einsetzte.

Die um die Mitte des 8. Jahrtausends v. Chr. gegründete Siedlung Çatal Höyük bei Konya in Zentralanatolien zeigt, dass es schon sehr früh zu gewaltigen Bevölkerungsverdichtungen gekommen war. Der

Plan (1) und Rekonstruktion (2) der frühneolithischen Siedlung von Çatal Höyük, Türkei.

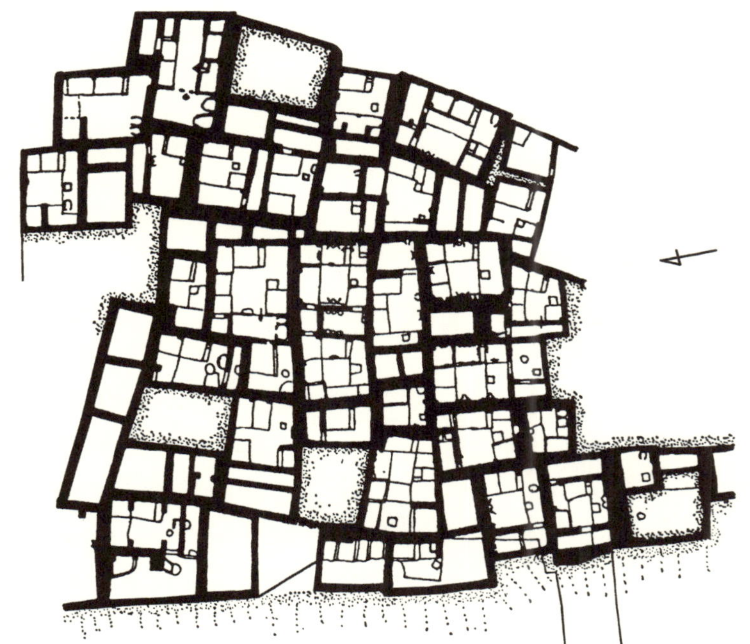

1

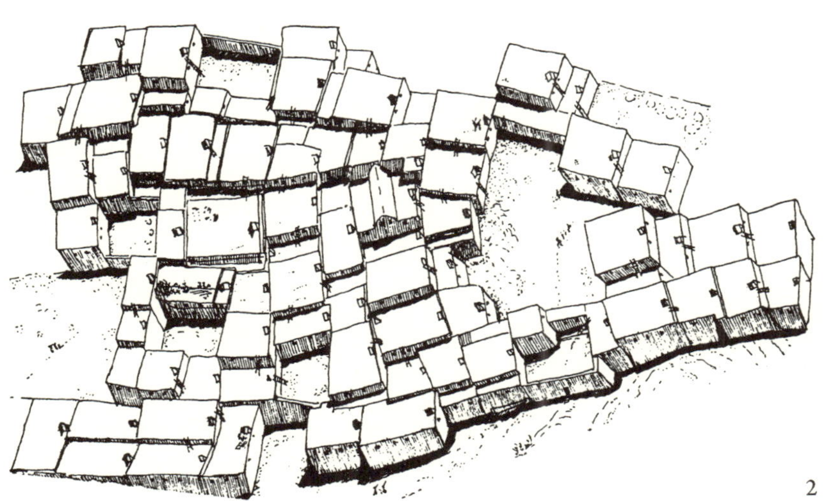

2

Ort bot angeblich bis zu ca. 6000 Menschen Platz – eine für jene frühe Zeit unfassbar große Zahl. Die Siedlung setzte sich aus standardisierten zweigeschossigen Häusern zusammen, die Wand an Wand standen, der Zugang erfolgte über die Dächer. Mitunter umgaben mehrere solcher Häuser freie Plätze. In vielen Fällen zieren aufwendige Wandmalereien die Innenwände, wobei Motive aus der Tierwelt überwiegen. Eine Darstellung ragt dabei hervor, weil sie ganz offensichtlich einen Ortsplan zeigt; sollte diese Deutung zutreffen, so wäre dies die älteste kartografische Darstellung der Menschheit. Jedes Haus hatte überdies seinen eigenen Kultbereich mit Bukranien (Rinderschädeln), Tonstatuetten und anderen Installationen. Die Hausgemeinschaft (Familie) war damit nicht nur eine autarke Wirtschaftseinheit, sondern auch eine eigenständige Kultgemeinschaft. Grundlegender konnte der Unterschied gegenüber den gigantischen Ritualplätzen vom Typus Göbekli Tepe nicht sein, und man könnte ihn vielleicht am besten so beschreiben: Hausaltar statt Kathedrale.

Sesshaftigkeit und Bandkeramik

Von Anatolien aus verbreitete sich die neolithische Lebensform – Sesshaftigkeit, Ackerbau und Viehzucht – dann über den Bosporus und die griechischen Inseln bis nach Südosteuropa, das noch im späten 7. Jahrtausend v. Chr. erreicht wurde. Ich selbst hatte das unglaubliche Glück, mit meinem türkischen Kollegen Mehmet Özdoğan von der Universität Istanbul im europäischen Teil der Türkei, also nicht weit entfernt von der bulgarischen Grenze, Siedlungsreste aus dem 7. und 6. Jahrtausend v. Chr. zu entdecken, die fantastisch erhalten waren. Es handelte sich dabei um verbrannte Lehmarchitektur, die noch bis in eine Höhe von

80 Zentimetern stand. Darüber hinaus stießen wir dort auch auf unzählige Tierknochen, mit deren Hilfe sich nicht nur die Wirtschaftsweise der damaligen Menschen in der Region, sondern auch die Umweltverhältnisse rekonstruieren ließen. Wir hätten nie erwartet, dass wir wirklich Überreste dieser ältesten Phase des Neolithikums in Südosteuropa finden würden.

Aus der Zeit seit 6000 v. Chr. finden sich im ungarischen Karpatenbecken Spuren erster neolithischer Siedler. Eine weitere Ausbreitungslinie verlief vom Nahen Osten aus entlang der Küsten des Mittelmeeres bis Süditalien, die Iberische Halbinsel und Nordafrika. Um die Mitte des 6. Jahrtausends v. Chr. hatte neolithisches Leben bereits die Straße von Gibraltar und die Gebiete am Atlantik erreicht.

Etwa zur selben Zeit drangen neolithische Gruppen vom Karpatenbecken aus nach Mitteleuropa vor, wo um 5600 v. Chr. die Kultur der Bandkeramiker entstand. Bislang meinte man, lediglich kleinere Kolonistengruppen wären aus Südosten zugewandert und wären im Raum zwischen Rhein und Weichsel mit dort ansässigen Jäger- und Sammlergruppen in Kontakt getreten, die bereits mit Brandrodung und kleinräumigem Getreideanbau experimentiert hätten. Aus dieser Verbindung zwischen einheimischen Wildbeutern und zugewanderten Neolithikern wäre dann die Kultur mit Bandkeramik entstanden. Neuere paläogenetische Forschungen bei Mensch und Tieren sprechen jedoch für einen anderen Verlauf der Geschichte. So gehen mitteleuropäische Hausrinder und Hausschafe eindeutig auf vorderasiatische Vorfahren zurück, die vom Nahen Osten nach Europa eingeführt worden sein müssen. Besondere Bedeutung für den Verlauf der Bevölkerungsentwicklung in dieser Zeit kommt den so genannten mitochondrialen DNA-Linien zu. Die Mitochondrien – gleichsam die Kraftwerke in jeder Zelle – haben eine Erbsubstanz, die mitochondriale DNA, die ganz be-

Tongefäße der frühneolithischen Bandkeramikkultur aus Deutschland.

stimmten Mutationsgesetzen unterliegt. So kann man aus den Mutationen auch ableiten, wann diese Erbsubstanz entstanden ist. Wendet man diese Untersuchung auf die autochthonen mitteleuropäischen Mesolithiker an – betrachtet also deren mütterliches Erbgut –, so stellt man fest, dass es vollkommen verschieden ist von dem der «Bandkeramiker»; das bedeutet, dass die Träger der neuen Kultur zugewandert sein müssen, ihre Kultur sich also nicht im Wege der Kulturkontakte zwischen Alt- und Neusiedlern entwickelt haben kann.

Die Kultur mit Bandkeramik war von der Weichsel und vom westlichen Karpatenbecken im Osten zunächst bis zum Rhein, später dann bis in das Pariser Becken verbreitet und erstreckte sich damit über große Teile Mitteleuropas. Die charakteristische Keramik lässt trotz des großen Verbreitungsgebietes nur vereinzelt regionale Besonderheiten erkennen. Die Dörfer der Bandkeramiker lagen bevorzugt auf fruchtbaren Löss- oder Lehmböden in Flusstälern. Charakteristisch sind über dreißig Meter lange Langhäuser, die zugleich Wohn-, Speicher-, Arbeits- und Stallbereich waren, wobei jedes Haus mehrere Kleinfamilien oder eine Großfamilie bzw. Sippe als eigenständige Wirtschaftseinheit umfasste. In der Regel gehörte zu jedem Dorf auch ein gesondertes Gräberfeld.

Auf der Aldenhovener Platte im Rheinland wurden ganze Siedlungskammern der Bandkeramikkultur systematisch erforscht und erlauben auf dieser Grundlage eine umfassende Rekonstruktion der Siedlungsgeschichte. Dabei lässt sich sehr gut verfolgen, wie vereinzelte Siedlungen wuchsen, dann Teile ihrer Bevölkerung abgaben, die ihrerseits wieder Tochtersiedlungen in der Nähe gründeten und auf diese Weise schrittweise ein ganzes Flusstal aufsiedelten, ehe es wieder zu einem Rückgang kam, im Zuge dessen die Wirtschaftsflächen langsam verfielen und am Ende auch die Siedlungsplätze aufgegeben wurden.

In Siedlungen der Bandkeramikkultur fanden sich auch die ältesten

Brunnen der Menschheit und entpuppten sich geradezu als sensationelle zimmermannstechnische Leistungen. Die Brunnen bestanden aus ineinander gestellten Kästen mit in Blockbautechnik perfekt gearbeiteten Eckverbindungen und konnten eine Tiefe von bis zu 15 Meter erreichen.

Mit Seilen und Schöpfbehältern aus Rindenbast oder Tierhaut beförderte man das Wasser nach oben.

Seit 5000 v. Chr. kam es zu einer tiefen Krise der Kultur mit Linearbandkeramik, in deren Verlauf es auch zu gewaltsamen Konflikten kam, wie der Befund von Talheim in Baden-Württemberg zeigt: Am Rande einer bandkeramischen Siedlung fand man dort in einer großen Grube die Reste von 18 Erwachsenen und 16 Jugendlichen sowie drei Kleinkindern, die man wahllos dort hineingeworfen haben muss. Die Untersuchung der Skelettreste ergab, dass die meisten von hinten mit Beilen und Keulen erschlagen worden waren, gelegentlich steckten auch noch Pfeilspitzen in den Knochen. Es handelte sich also um ein Massaker, bei dem vermutlich die gesamte Dorfbevölkerung ausgelöscht wurde. Aufgrund der Pfeilspitzen, die noch in den Opfern steckten, lässt sich folgern, dass auch die Angreifer Angehörige der Bandkeramikkultur waren. Mit dem Zusammenbruch der ältesten bäuerlichen Kultur in Mitteleuropa gestalteten sich die Verhältnisse vom 5. Jahrtausend v. Chr. an grundlegend neu.

Rekonstruktion eines Dorfes der frühneolithischen Bandkeramikkultur mit ihren typischen Langhäusern.

5
Technologie und Rohstoffe – die Basis von Macht und Herrschaft

Von der Kunst, Metall zu bearbeiten

Kupfer und Bronze gehörten zu den ersten Metallen, die der Mensch zu bearbeiten lernte. Ihre Nutzung war die Voraussetzung grundlegender Veränderungen der sozialen und politischen Verhältnisse. Metall veränderte die Welt.

Schon im 9. Jahrtausend v. Chr. wurde der Mensch im Nahen Osten erstmals auf Metall aufmerksam und baute Malachit ab, das er, fasziniert von seiner grünlichen Farbe, zu Perlen verarbeitete. Man hielt die Erze anfangs noch für farbiges Gestein; um ihre wirklichen Eigenschaften wusste man nicht. Noch die ältesten Kupferobjekte, die wir in Südosteuropa finden und die aus dem 6. Jahrtausend v. Chr. stammen, sind im kalten Zustand gehämmert, aber noch keinem eigentlichen, metallurgischen Prozess unterworfen worden. Erst für die Zeit seit dem frühen 5. Jahrtausend v. Chr. lässt sich Kupfermetallurgie in Südosteuropa nachweisen.

Es war lange umstritten, ob die Kenntnis der Kupferverarbeitung aus dem Vorderen Orient eingeführt wurde oder unabhängig davon in Südosteuropa entstanden war. Inzwischen deutet immer mehr darauf hin,

Die megalithische Kreisanlage von Stonehenge, England.

dass die Balkanhalbinsel selbstständig zur Metallurgie fand. Die ältesten Kupferbergwerke sind aus Aibunar in Bulgarien und Rudna Glava in Serbien bekannt; beide werden in das 5. Jahrtausend v. Chr. datiert. Stellte man anfangs nur kleinere Kupfergerätschaften und Kupferschmuck her, so kam es in der zweiten Hälfte des 5. Jahrtausends v. Chr. zu einem enormen Aufschwung der Metallurgie, die mit der Massenproduktion von Schwergeräten, besonders von Äxten und Beilen, einherging. Aus derselben Zeit finden sich auch die ersten Prestigeobjekte aus Gold. Die Geschichte von Gold und Kupfer in Südosteuropa ist eng verflochten, weil das Kupfer in so genannten hydrothermalen Lagerstätten vorkommt – das sind Plätze, in denen sich im Verlauf der Erdgeschichte Minerale aus mehreren Hundert Grad heißen salzhaltigen wässrigen Lösungen abgeschieden haben, wenn diese langsam abkühlten; in solchen Lagerstätten finden sich aber noch weitere Minerale, häufig eben auch Gold.

Gesellschaftliche Folgen einer neuen Technologie

Die Kupfermetallurgie hatte weitreichende gesellschaftliche Folgen. Für den Abbau des Kupfererzes und seine Verarbeitung benötigte man Arbeitskräfte, die wiederum die Gesellschaft für diese Spezialistentätigkeit freistellen und im Weiteren ernähren musste. Dies war der erste Schritt zur Arbeitsteilung und zur Herausbildung regelrechter Berufsgruppen. So finden wir bereits aus der zweiten Hälfte des 5. Jahrtausends v. Chr. auch Gräber von Metallhandwerkern. Gräber spielen, wie wir noch sehen werden, für Archäologen stets eine besondere Rolle. Zwar stoßen die Wissenschaftler bei ihren Ausgrabungen auch auf Überreste von Siedlungen, doch sind diese nach den vorangegangenen Jahrtausenden meist völlig zerstört, verfallen und in Folge von Erosion eingeebnet. Aber die Gräber sind häufig, sofern sie nicht beraubt worden sind, als Ensemble erhalten und bieten ein breites Spektrum an Informationen: Wie liegt der Verstorbene im Grab? Welche Beigaben hat man ihm mitgegeben? Verfügte das Grab nicht nur über eine Grabkammer, sondern gar auch über einen oberirdischen Grabbau? All dies lässt interessante Rückschlüsse über das bestattete Individuum, aber auch auf die Gesellschaft zu, die ihn bestattet hat. Gräber haben deshalb in der Archäologie geradezu zwangsläufig als ganz besonders wichtige Quelle eine große Bedeutung erlangt.

Neben den Metallhandwerkern traten bald Gruppen hervor, die den Abbau und die Distribution von Kupfer und Gold offenbar kontrollierten. Die Herausbildung solcher Eliten tritt besonders deutlich im Gräberfeld von Varna an der bulgarischen Schwarzmeerküste hervor: Prestigeobjekte und reicher Schmuck aus Gold und wertvollem Gestein kennzeichnen den sozialen Status der Verstorbenen. Durch Statussymbole setzte sich die Führungselite deutlich vom Rest der Gemeinschaft ab. Die Eliten hatten die Verfügungsmacht über das Metall und gelangten durch seinen Vertrieb zu Wohlstand und Reichtum, vergleichbar heutigen Ölmagnaten oder Gazprom-Managern. Die Metallhandwerker selbst gehörten zwar nicht zu dieser obersten Führungselite, doch lagen ihre Gräber in der Nähe jener der Führungsschicht, was ihre besondere Beziehung unterstreicht. Auf dem technischen Wissen und den technologischen Fertigkeiten der Metallhandwerker beruhten Macht und Reichtum der Führungszirkel.

Diese gesellschaftlichen Veränderungen werden in erster Linie auf den Friedhöfen sichtbar. Die Siedlungen spiegeln eine straff organisierte Gesellschaft wider. In einigen Gebäuden standen Webstühle, die auf ein weiteres Handwerk schließen lassen, nämlich die Textilherstellung bzw.

Kupferzeitliches Prunkgrab aus der Nekropole von Varna, Bulgarien.

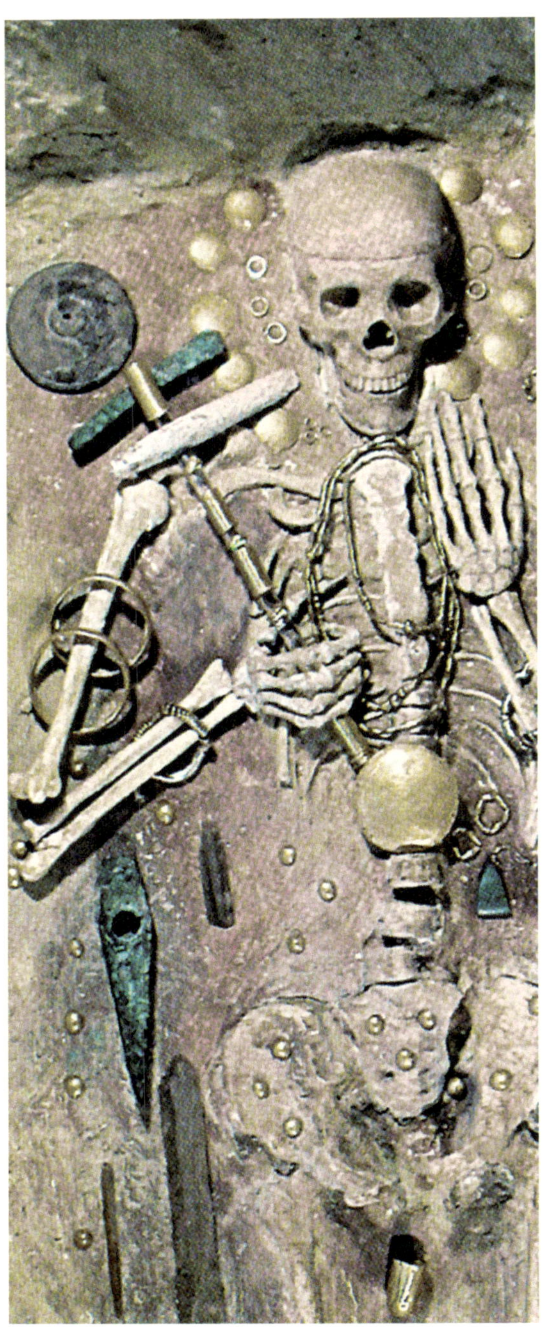

Weberei. Palastartige Gebäude der Führungseliten fehlen hingegen; die Häuser unterscheiden sich in ihrer Größe und Ausstattung nur wenig und sprechen deshalb eher für eine egalitäre Gesellschaft – ein völlig anderes Bild als das, was sich aus der Untersuchung der Gräberfelder ergibt. Demnach war zwar eine Führungsschicht entstanden, doch die Struktur der Gemeinschaft hatte sich noch nicht tiefgreifend verändert.

Siedlungsformen der frühen Metallzeit in Südosteuropa

Die über viele Generationen hinwegreichende, ausgeprägte Ortsbindung führte zur Entstehung von Siedlungshügeln, so genannten Tells: Brannten Häuser ab oder wurden sie baufällig, so ebnete man sie ein und errichtete auf ihrem Schutt neue Gebäude; man siedelte sich gleichsam ‹in die Höhe›. In der Türkei finden sich beispielsweise Siedlungshügel, deren Höhe dreißig und mehr Meter beträgt. Die Schichtfolgen solcher über Jahrhunderte oder auch Jahrtausende bewohnter Hügel speichern Geschichte wie auf einer Festplatte. Bemerkenswert ist, dass die Hausparzellen immer wieder über die einzelnen Schichten hinweg für Jahrhunderte beibehalten wurden. Möglicherweise lässt sich dies als Hinweis darauf interpretieren, dass sich bereits in der zweiten Hälfte des 5. Jahrtausends v. Chr. in Südosteuropa erste Vorstellungen von Grundbesitz entwickelt hatten.

Kultgebäude fehlten in diesen Siedlungen, und den einzigen Hinweis auf rituelles Verhalten ihrer Bewohner sehen wir in offenbar mit Absicht zerbrochenen Tonfigurinen, die innerhalb der Häuser meist im Umfeld der Herdstellen deponiert wurden. Religiosität äußerte sich in den kupferzeitlichen Kulturen Südosteuropas also noch nicht in großdimensionierten Gemeinschaftsbauten – aus denen beispielsweise Jahr-

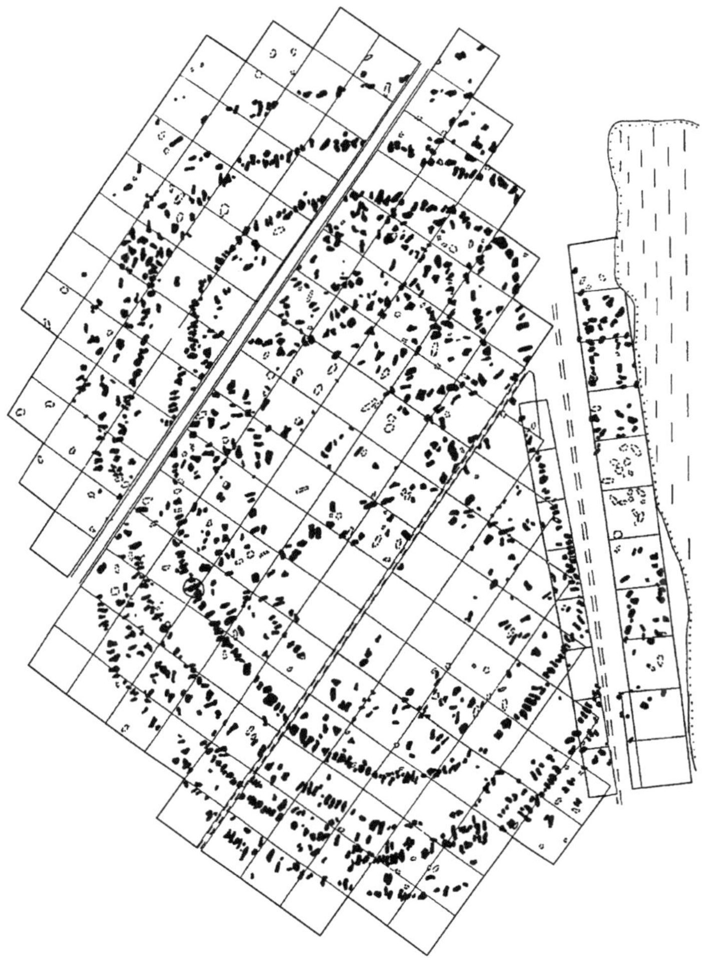

Die Großsiedlung der Tripolje-Kultur mit Hunderten von Häusern aus Majdaneckoe, westliche Ukraine.

tausende später die gewaltigen Tempelanlagen der Griechen hervorgingen –, sondern sie blieb auf einen reinen Hauskult beschränkt.

Im Raum östlich der Karpaten, also im Nordosten Rumäniens, in Moldawien und in der westlichen Ukraine, waren in der zweiten Hälfte des 5. Jahrtausends v. Chr. andere kupferzeitliche Gemeinschaften verbreitet, die von der Forschung unter den Oberbegriffen Cucuteni- und Tripolje-Kultur gefasst werden. In dieser Kultur entstanden an Stelle von Tellsiedlungen gigantische Großsiedlungen mit Hunderten von Häusern, die nicht in die Höhe wuchsen, sondern riesige Areale einnahmen. Entsprechend groß muss die Einwohnerzahl gewesen sein, die in die Tausende gegangen sein dürfte. Wie die Organisation einer solchen Bevölkerungskonzentration ohne schriftliche Verwaltung überhaupt zu bewältigen war – deren früheste Ansätze sich erst 2000 Jahre später im Vorderen Orient und in Ägypten finden –, ist eines der großen Rätsel der Vorgeschichte.

Es ist in gewisser Weise kennzeichnend für unsere Erkenntnisse über prähistorische Perioden, dass wir auf faszinierende Entwicklungen stoßen, die einst eine unglaubliche gesellschaftliche und kulturelle Dynamik freigesetzt haben müssen. Auffallend häufig waren dafür technische Innovationen verantwortlich – dies haben die vergangenen Jahrtausende letztlich auch mit der Gegenwart gemeinsam. Doch in prähistorischen Zeiten folgte auf solche Blüteperioden oft unvermittelt der Zusammenbruch. So war es auch mit den kupferzeitlichen Kulturen in Südosteuropa, die zwar die Schwelle zur Hochkultur erreichten, diese aber nicht überschritten. Ihre Siedlungen wurden aufgegeben, die Belegung der Gräberfelder brach ab, und in der Rückschau scheinen weite Gebiete auf dem Balkan für längere Zeit unbesiedelt geblieben zu sein. Die Ursachen dafür sind bis heute unbekannt. Bisweilen hat man Klimaveränderungen oder Invasionen aus der benachbarten Steppe des Nordschwarzmeerraumes für den Niedergang verantwortlich gemacht, doch überzeugende Belege gibt es für diese Theorien nicht. Möglicherweise waren es Gründe, die im Innern der Gesellschaften lagen, welche den Zusammenbruch bewirkten. Es wäre nicht das letzte Mal in der Geschichte, dass der Mensch es vorzog, über seine Verhältnisse zu leben, anstatt das Erreichte zu konsolidieren – und daran zugrunde ging.

Mit dem Zusammenbruch der Kulturen in Südosteuropa um 5000 v. Chr. verlagerte sich die Kupfermetallurgie nach Westen in das Karpatenbecken und nach Mitteleuropa. Hatte man dort anfangs noch Kupfergeräte und Kupferschmuck aus Südosteuropa importiert, wie spektralanalytische Untersuchungen der betreffenden Objekte ergeben haben, so beutete man ab dem frühen 4. Jahrtausend v. Chr. in der Slowakei oder im Ostalpenraum erstmals lokale Kupfererzlagerstätten aus.

Pflug, Rad und weitere folgenreiche Innovationen

Im Laufe des 4. und zu Beginn des 3. Jahrtausends v. Chr. kam es dann zu einer ganzen Reihe weiterer bedeutender Innovationen. Dazu gehören der Einsatz von Rindern als Zugtiere, von ersten Wagen mit Scheibenrädern, ferner die Erfindung des Hakenpflugs, der die Landwirtschaft revolutionierte, die Einführung des Wollschafs und bald auch die Domestikation des Pferdes und seine Nutzung als Zug- und Reittier. Mit dem Pferd erreichten Beweglichkeit und Mobilität des Menschen völlig neue Dimensionen, konnte er doch plötzlich riesige Strecken in bis dato unvorstellbar kurzer Zeit überwinden. Wir müssen uns das ungefähr so grundstürzend vorstellen wie die Erfindung von Flugzeugen im 20. Jahrhundert.

In Mitteleuropa erschloss man zudem völlig neue Lebensräume – eines Teils zog man hinauf ins Hochgebirge, anderen Teils besiedelte man die Uferränder von Seen. Dort entstanden Feuchtbodensiedlungen, die man auch als Pfahlbauten bezeichnet, und zwar in Süddeutschland ebenso wie in der Nordschweiz, in Ostfrankreich, Oberitalien, Slowenien und Oberösterreich. Die Reste dieser Gebäude, die zum Teil noch heute im Wasser stehen, haben sich in Gestalt von hölzernen Pfählen unter diesen Bedingungen sehr gut erhalten. Mit Hilfe der Baumringdatierung, der so genannten Dendrochronologie, lässt sich das Alter dieser Holzreste präzise bestimmen, und so gewinnen wir einen detaillierten Einblick in die Entwicklung solcher Siedlungen. Es handelte sich

Das älteste Scheibenrad der Welt (spätes 4. Jahrtausend v. Chr.) aus der Feuchtbodensiedlung von Seekirch-Stockwiesen, Baden-Württemberg.

um rechteckige, standardisierte Gebäude, die jeweils von einer Kleinfamilie bewohnt wurden und in Reihen angeordnet waren. In den Uferrandsiedlungen finden sich vielfach Hinweise auf Kupferverarbeitung, so dass man dort auch einige Zentren der nordalpinen Kupferverarbeitung vermuten darf. Im Umfeld der Uferrandsiedlungen stieß man zudem auf die ersten Bohlenwege, die ältesten Straßen Europas.

Der «Ötzi» – Wanderer zwischen den Welten

Wie bereits angedeutet, suchten die Menschen damals aber auch vermehrt das Hochgebirge auf, wie es nicht zuletzt der gefriergetrocknete, 1991 in den Ötztaler Alpen gefundene Leichnam – der so genannte «Ötzi» – eindrucksvoll belegt, der durch das Abschmelzen eines Gletschers wieder an die Oberfläche kam. Die Gletschermumie stammt aus dem späten 4. Jahrtausend v. Chr. Der Ötzi hat die Erforschung der Kupferzeit revolutioniert, weil er einer anonymen prähistorischen Periode plötzlich – im wahrsten Sinne des Wortes – ein Gesicht verlieh, die Archäologie wird in diesem Falle zur Ethnografie: Der Ötzi trug eine Felljacke, Leggings aus Ziegenfell, einen Lendenschurz bis zu den Knien, Schuhe aus Rindsleder und mit Bärenfell gefüttert sowie eine Mütze aus Wolfsfell. Zu seiner Ausrüstung gehörte ein Kupferbeil, dessen Metall aus dem Salzburger Land stammte, während die Form des Beiles, der Feuersteindolch und die Feuersteinspitzen seiner Pfeile eher auf eine Provenienz aus Oberitalien schließen lassen. Der Ötzi war demnach ein Wanderer zwischen den Welten, der mit den Gebieten am Nordalpenrand ebenso in Verbindung stand wie mit Oberitalien.

Besondere Aufmerksamkeit erregten seine Tätowierungen. Parallele Linien und kreuzförmige Zeichen waren im Lendenbereich, auf den Fußknöcheln und am Knie eintätowiert. Manche Forscher weisen gerade diesen Stellen therapeutische Funktionen zu, weil genau dort auch heute noch die moderne Akupunktur ihre Nadeln ansetzt. Andererseits waren diese Bereiche auch für die Beweglichkeit der Extremitäten und damit für das Überleben von entscheidender Bedeutung; die Tätowierungen könnten deshalb schlicht auch apotropäische – Unheil abwehrende – und mithin magische Funktion gehabt haben.

Der Ötzi. Rekonstruktion von Bekleidung und Ausrüstung.

Die starke Abnutzung von Ötzis Zähnen weist auf einen intensiven Verzehr von Getreide hin, das mit Mahlsteinen zerkleinert wurde; die kleinen Gesteinsreste, die beim Mahlvorgang im Mehl zurückbleiben, reiben die Zahnoberflächen beim Kauen besonders stark ab. Gallensteine, ein hoher Cholesterinspiegel und Arteriosklerose, die Paläopathologen am Leichnam festgestellt haben, lassen darauf schließen, dass Fleisch sein wichtigstes Nahrungsmittel war. Die geringe Abnutzung der Gelenke – er hat also nicht permanent körperlich hart arbeiten müssen – könnte auf eine gehobene soziale Stellung des Toten hinweisen, doch mangelt es noch an entsprechenden Vergleichsfunden. Darüber hinaus fiel eine relativ hohe Konzentration von Metallen in seinen Haaren auf, was darauf hinweisen könnte, dass Ötzi mit der Kupferverhüttung zu tun hatte. Die noch erhaltenen Pollen in seinem Magen belegen, dass er während der letzten Tage vor seinem Tod verschiedene Vegetationszonen passiert haben muss. Möglicherweise war er von der oberitalienischen Tiefebene aus in das Hochgebirge gewandert, um es in Richtung Süddeutschland zu überqueren.

Ötzi wurde ermordet, wie der Einschuss eines Pfeiles in seiner linken Schulter zeigt, und dieser Angriff erfolgte von hinten. Ferner erlitt er eine Schädelfraktur, die entweder durch den Schlag mit einem dumpfen Gegenstand ebenfalls von hinten oder durch einen Sturz nach dem Pfeilschuss verursacht worden sein muss. Weitere Schnitt- und Kratzspuren deuten darauf hin, dass er 24 Stunden vor Eintritt des Todes in einen Nahkampf verwickelt war.

Das Aufkommen der Megalithkultur

Hätte Ötzi diesen Angriff unbeschadet überlebt, die Alpen in nördlicher Richtung überquert und wäre dann weiter bis in die norddeutsche Tiefebene gezogen, so wäre er gewaltigen Grabbauten begegnet. Denn in weiten Teilen Nord- und Westeuropas war damals die so genannte Megalithkultur im Entstehen begriffen. Die Megalithgräber auf der Iberischen Halbinsel, an der französischen Atlantikküste oder in Norddeutschland und Südskandinavien unterscheiden sich zwar in ihrer jeweiligen Ausprägung, sie alle verbindet jedoch die gewollte Monumentalität eines jeden Grabbaus. Erstmals wurden damals Gräber zu Erinnerungsmonumenten, zu Denkmälern für die Ewigkeit. Nicht der Prunk der Ausstattungen war wichtig, sondern die schiere Größe der Grabbauten, vergleichbar den prächtigen Familiengrüften deutscher Großindustrieller des späten 19. Jahrhunderts. Und Grüfte waren es in der Tat: Die Megalithgräber standen längere Zeit offen und nahmen in der Regel mehrere Bestattungen auf. Die ersten errichtete man im Laufe des 4. Jahrtausends v. Chr., danach finden sie sich über ein Jahrtausend lang vor allem in West- und Nordeuropa. Wie beispielsweise das weltberühmte Stonehenge erkennen lässt, erbaute man jedoch nicht nur Großsteingräber, sondern auch Tempel und Observatorien.

Diese gigantischen Grabbauten erregten schon früh die Phantasie der Menschen und führten zu Sagenbildungen in der frühen Neuzeit und in der Romantik. Megalithgräber erscheinen auf Gemälden des Romantikers Caspar David Friedrich, und wegen ihrer riesigen Dimensionen konnten sie – so die weit verbreitete Meinung – kein Menschenwerk sein! Nur Riesen seien in der Lage gewesen, solche «Hünengräber»

Goldene Schmuckstücke aus dem frühbronzezeitlichen Fürstengrab von Leubingen, Thüringen.

aufzutürmen. Nachdem sich diese Vorstellung einmal verbreitet hatte, war der Legendenbildung kaum mehr eine Grenze gesetzt.

Der materielle, technische und logistische Aufwand bei der Errichtung solcher Denkmäler war in der Tat enorm. Gewaltige Steine mit einem Gewicht von bis zu 25 Tonnen und darüber hinaus stellen in solchen Kontexten keine Seltenheit dar. Der Transport dieser Steine, ihr Aufrichten sowie das Auflegen solcher Kolosse als Decksteine über zwei Pfeiler war eine gewaltige technische Herausforderung. Versuche von experimentell arbeitenden Archäologen haben aber gezeigt, dass sie auch ohne modernes Hilfsgerät zu bewältigen waren, wenn man mit Gerüsten, Flaschenzügen, Kränen und schiefen Ebenen arbeitete. Es gelang ihnen nämlich, ähnlich schwere Blöcke mit Seilen, die nur aus Pflanzenfasern hergestellt waren, über hölzerne Rollen und Schienen zu befördern und aufzurichten. Bei solchen Versuchen mussten jedoch mitunter bis zu 200 Personen gleichzeitig zum Ziehen und Schieben dieser gigantischen Blöcke eingesetzt werden, was wiederum Rückschlüsse auf die gesellschaftliche Organisation längst vergangener Zeit erlaubt: Es muss planerische und logistische Kompetenz gegeben haben ebenso wie Strukturen mit Kommandierenden und Befehlsempfängern, anders waren solche Bauvorhaben nicht zu bewältigen.

Die Bronzezeit bricht an

Doch damals erfuhr auch die Metallverarbeitung deutliche Fortschritte. Seit dem späten 3. Jahrtausend v. Chr. wurde Kupfer immer häufiger mit Arsen oder Zinn legiert, und das Mischprodukt war Bronze – ein Metall, dessen Eigenschaften jenen des Kupfers deutlich überlegen waren. Es verlief schneller beim Guss, was ermöglichte, kompliziertere Formen zu

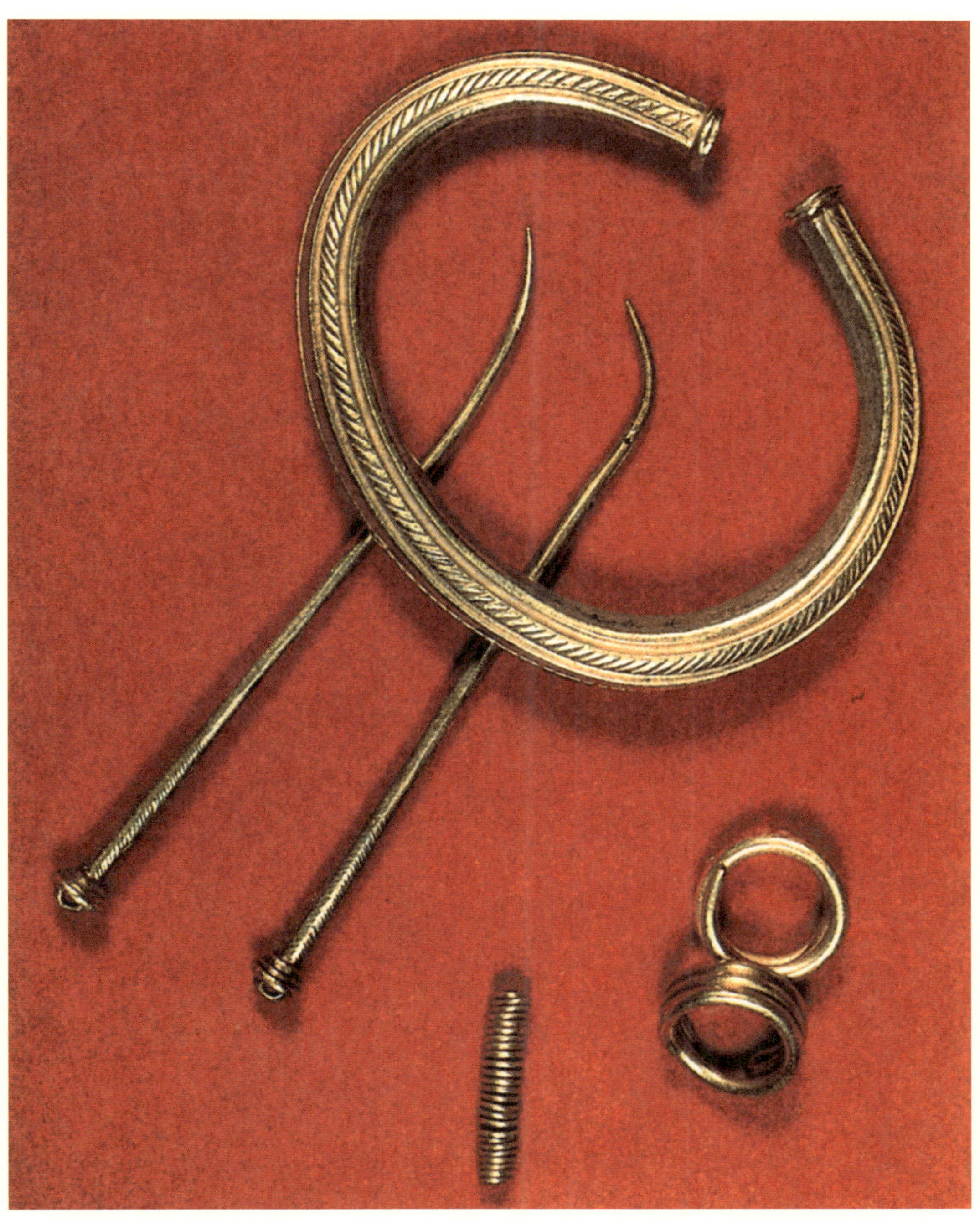

Technologie und Rohstoffe

Die frühbronzezeitliche Himmelsscheibe von Nebra, Sachsen-Anhalt.

schaffen. Die Gussobjekte erreichten höhere Qualität und waren auch deutlich härter als solche aus Kupfer. Die Überlegenheit des neuen Metalls führte zu einem enormen Aufschwung der Bronzemetallurgie; immer mehr Gegenstände wurden aus Bronze gegossen. In Mitteleuropa lässt sich dabei ein interessantes Phänomen beobachten: Kupfer- und Bronzebarren wurden in Form von einfachen Beilen, Ösenhalsringen oder Spangen hergestellt und dann im großen Stil verhandelt. Aufgrund ihres einheitlichen Gewichtes dürften diese frühesten Metallbarren bereits als eine Art prämonetäres Zahlungsmittel Verwendung gefunden haben. Gab es also um 2000 v. Chr. bereits eine erste harte Metallwährung in Europa?

Auch die soziale Stratifizierung, die Schichtung der Gesellschaft, erreichte in der Bronzezeit eine neue Dimension; erstmals kam es zur Anlage wahrer Fürstengräber, die diese Bezeichnung verdienen, weil sie uns nicht nur architektonisch als monumentale Grabbauten begegnen, sondern auch herausragende Beigabenausstattungen aufweisen. Zu den bekanntesten dieser Art gehört das Fürstengrab von Leubingen in Thüringen, das um 2000 v. Chr. angelegt wurde. Nadeln, Armringe und Fingerringe aus Gold betonten den Status der Bestatteten, hinzu kamen verschiedene Waffen aus Bronze. Über einer hölzernen Totenhütte, die den Verstorbenen und seine Beigaben barg, wurde ein riesiger Grabhügel aus 200 Kubikmeter Stein und 3000 Kubikmeter Erde aufgehäuft. Die ganze Anlage symbolisiert sehr gut die Konzentration von Macht und Einfluss in der Person des Verstorbenen. Typisch für die Bronzezeit ist aber auch, dass diese Machtstrukturen nicht überdauerten; sie zerfielen wieder und bildeten sich unentwegt neu. Macht und Einfluss blieben ganz offensichtlich nicht in der Hand einzelner Familien, so dass es auch nicht zu einer Art von früher Dynastiebildung kam.

Wie weit der Wissensstand der Bronzezeit gediehen war, davon kün-

det eindrucksvoll die Himmelsscheibe von Nebra in Sachsen-Anhalt. Das Stück wurde 1999 von Raubgräbern im Zuge einer illegalen Ausgrabung entdeckt und sollte auf dem Antikenmarkt zu einem möglichst hohen Preis verkauft werden. Glücklicherweise bekamen die Behörden Wind von diesem Deal, so dass die Raubgräber gefasst und überführt werden konnten. Zu der sichergestellten Himmelsscheibe gehörten noch zwei Bronzeschwerter, zwei bronzene Randleistenbeile und zwei bronzene Armspiralen, die zusammen um die Mitte des 2. Jahrtausends v. Chr. auf dem Mittelberg bei Nebra vergraben worden waren. Bei der Scheibe handelt es sich um die bislang älteste Himmelsdarstellung weltweit. Ihr Durchmesser beträgt 32 Zentimeter, und sie wiegt 2,3 Kilo. Das Kupfer, aus dem sie geschaffen wurde, stammt aus den Ostalpen.

Interessant ist, dass die Scheibe mehrfach gestalterische Veränderungen erfuhr. Im ursprünglichen Zustand trug sie 32 runde Goldplättchen, die offenbar Sterne darstellten, von denen sieben enger beieinander lagen und die Plejaden vom Sternbild des Stiers wiederzugeben scheinen. Hinzu kamen eine große, runde Scheibe, die entweder die Sonne oder den Vollmond darstellt, sowie eine sichelförmige Applikation, die sicher den zunehmenden Mond repräsentiert. In einer zweiten Bearbeitungsphase hatte man links und rechts zwei goldene Horizontbögen hinzugefügt, die möglicherweise Sonnenauf- und Sonnenuntergang darstellen. In einer dritten Überarbeitung erhielt die Scheibe dann einen weiteren Bogen mit Längslinien am unteren Rand, ehe viertens und letztens – wohl unmittelbar bevor sie vergraben wurde – der linke Horizontbogen wieder entfernt wurde; damals stanzte man auch rund um den Rand der Scheibe 40 kleine Löcher, offenbar, um sie auf einem Untergrund zu befestigen.

Die einzelnen Darstellungen auf der Scheibe haben vielerlei Deutungen erfahren, von denen die meisten sehr spekulativ sind. Sicher aber ist, dass das Stück von einer genauen Beobachtung der Gestirne zeugt. Vielleicht diente die Scheibe als Erinnerungshilfe zur Fixierung wichtiger Arbeitsvorgänge des bäuerlichen Jahres, oder sie half zur Bestimmung der Sonnenwenden. Wie auch immer man die Himmelsscheibe von Nebra deuten mag – Tatsache ist, dass es sich um die älteste Darstellung des Kosmos in der Menschheitsgeschichte handelt, die noch einmal um 200 Jahre älter ist als die früheste, die wir bislang aus Ägypten kennen. Dieser Fund wirft mithin ein ganz neues Licht auf die Kulturverhältnisse und die Dynamik der Bronzezeit in Mitteleuropa. Von dem Entstehen einer Hochkultur war man in dieser Region zwar noch weit entfernt, doch das Erfahrungswissen der Menschen jener Zeit konnte sich dort durchaus bereits zu einer geradezu unglaublichen Abstraktionsleistung formieren.

Technologie und Rohstoffe

6

Von Gottkönigen, Baumeistern und Bürokraten – frühe Reiche im Nahen Osten

Auf dem Weg zu den ersten Hochkulturen des Alten Orients

Zwischen dem 10. und 7. Jahrtausend v. Chr. veränderten sich als Resultat von Sesshaftwerdung und Domestikation von Pflanzen und Tieren die natürlichen, wirtschaftlichen und kulturellen Rahmenbedingungen des Menschen im so genannten Fruchtbaren Halbmond in fundamentaler Weise. Dieser vielleicht folgenreichste Wandel in der gesamten Menschheitsgeschichte war die Voraussetzung für die Entstehung der ältesten Zivilisationen im Orient. Der durch das Bevölkerungswachstum gestiegene Regelungsbedarf innerhalb der Siedelverbände führte zur Ausprägung komplexer Gesellschaften mit Führungspersönlichkeiten, zu befestigten Zentralorten, ersten Institutionen, Territorialdenken, immer weiter fortschreitender Arbeitsteilung und Spezialisierung, technischen Innovationen und sogar zum Aufkommen eines organisierten Fernhandels. Es war der Weg vom Dorf zur Stadt, der – auch im weltweiten Vergleich – damals in Vorderasien zum ersten Mal beschritten wurde.

Die steinerne Prunkpalette des ägyptischen Königs Narmer.

Bald nach der Mitte des 7. Jahrtausends v. Chr. entstand in Mesopotamien die Hassuna-Kultur, die erstmals überaus hochwertige und farbig bemalte Keramik hervorbrachte. Für Hassuna ist nicht nur eine ausgeprägte Arbeitsteilung mit Textilproduktion nachweisbar, vielmehr finden sich bereits Belege frühester administrativer Vorgänge in Gestalt von Ritzungen auf Knochen, die offenbar Rechenoperationen darstellen. Zudem kennzeichnete man im späten 7. Jahrtausend v. Chr. mit Stempelsiegeln bereits individuelles Eigentum und wollte es auf diese Weise vor dem Zugriff Unberechtigter sichern. Alle diese Elemente zeugen schon Jahrtausende vor der Erfindung der Schrift von einem entwickelten (Privat-)Rechtsverständnis sowie von Normen und Konventionen.

Die Samara-Kultur brachte an der Wende vom 7. zum 6. Jahrtausend v. Chr. die Technik der künstlichen Bewässerung hervor, um landwirtschaftliche Erträge zu steigern. Sowohl für Planung, Ausführung und Pflege dieser in der Wissenschaft als Irrigationsanlagen bezeichneten Einrichtungen als auch für die Verteilung des produzierten Überschusses bedurfte es einer zentralen Organisation und Leitung; diese Strukturen bildeten den Nährboden für künftige politische Macht. Die folgende Halaf-Kultur, die bereits über frühe Metallurgie verfügte, erstreckte sich ab 6000 v. Chr. erstmals über ein größeres Gebiet im Zweistromland. Die deutlichsten Veränderungen kommen in der unterschiedlichen Größe der damaligen Niederlassungen zum Ausdruck. Niemals zuvor hatten Siedlungen in der Geschichte Mesopotamiens eine solche Ausdehnung erreicht: Neben zahlreichen kleineren bis mittelgroßen Halaf-Dörfern finden sich erstmals weitläufige Zentralorte von mehr als 10 Hektar Fläche.

Eridu und Uruk – die ersten Städte entstehen

Diese Entwicklung verstärkte sich noch in der anschließenden Obeid-Kultur bis zum Beginn des 4. Jahrtausends v. Chr. In Eridu, einer der bedeutendsten Großsiedlungen der Obeid-Kultur, entstanden Gemeinschaftsbauten, die man bereits als Tempel bezeichnen darf. Eridu wird in der babylonischen Überlieferung sogar als erste Stadt der Erde genannt, was die herausragende Bedeutung dieses Zentralortes unterstreicht. Die ausgeprägte Hierarchisierung der Siedlungen wirkte sich strukturierend auf ganze Regionen aus, was in der Folgezeit zur Entstehung politischer Gebilde führte, an deren Spitze gesellschaftliche Eliten standen. Nicht zufällig erstreckte sich in der Obeid-Zeit erstmals eine weitgehend einheitliche materielle Kultur vom Norden Mesopotamiens bis an den Persischen Golf im Süden. Hinzu kam ein sehr gut etabliertes Netzwerk aus überregionalen Handelskontakten. Im Süden gelangte Obeid-Keramik auf dem Seeweg bis Bahrain und Katar, im Norden bis auf das anatolische Hochland.

Diese kulturelle Entwicklung seit dem 7. Jahrtausend kulminierte schließlich im 4. Jahrtausend v. Chr. in der Uruk-Kultur. Während der Uruk-Periode vollzogen sich signifikante Neuerungen, die das Leben der Menschen im Zweistromland fundamental veränderten. Mit der Erfindung der schnell rotierenden Töpferscheibe wurde erstmals die Massenproduktion standardisierter Tongefäße möglich. Die im 4. Jahrtausend v. Chr. zunehmende Trockenheit und der weitere Bevölkerungsanstieg in den immer größer werdenden städtischen Zentren zwangen zu einer deutlichen Ertragssteigerung der Landwirtschaft, was in einem extensiven Ausbau der Kanäle und Bewässerungssysteme Ausdruck fand. Gleichzeitig kulminierte die Hierarchisierung der Siedlungen in der

Plan der sumerischen Metropole von Uruk im 3. Jahrtausend v. Chr.

Herausbildung von befestigten und im Inneren durchdacht angelegt wirkenden urbanen Zentren, die als Verwaltungs-, Handels- und Herrschaftsmittelpunkte fungierten und mit der Ausprägung beruflicher Spezialisierung sowie einer Verfestigung der politischen und religiösen Machtstrukturen einhergingen. Die neuen Verhältnisse spiegelten sich auch in der monumentalen architektonischen Ausgestaltung dieser frühen Städte wider: Man schuf mächtige Tempelbauten und Palastanlagen mit repräsentativem Dekor, und auf Lehmplattformen errichtete Bauten nahmen damals bereits die klassische mesopotamische Ziqqurat, den gestuften Tempelturm, vorweg.

Nach Eridu wird Uruk vielfach als älteste Stadt der Menschheit bezeichnet. Erstmals in der Geschichte hatte sich nun eine wahrhaft urbane Lebensform herausgebildet, die von einem beispiellosen Bevölkerungszuwachs begleitet wurde. Um sich die Dimensionen dieser Stadt klarzumachen, sollte man sich vor Augen führen, dass Uruk im 3. Jahrtausend v. Chr. über eine Stadtmauer verfügte, die mehr als 5 Kilometer maß, und seine Fläche damals bereits größer war als das antike Rom in vorchristlicher Zeit und auf jeden Fall größer als die meisten mittelalterlichen Städte in Deutschland. In dieser Zeit entwickelten sich eine institutionalisierte Priesterschaft und ein religiös bestimmtes Königtum als zentrale Einrichtungen einer neuen Herrschaftsform. Die Städte der Uruk-Kultur waren aber auch Zentren des Fernhandels. Karawanenwege verbanden weiter auseinanderliegende Gebiete als jemals zuvor und reichten von der Golfregion bis zum Mittelmeer. All das wäre administrativ nicht mehr zu beherrschen gewesen ohne die Einführung neuer Verwaltungsinstrumente, was im späten 4. Jahrtausend v. Chr. schließlich zur Erfindung der Schrift führte. Waren also Wachstum und Größe omnipräsente Merkmale der politischen und gesellschaftlichen Entwicklung, so fand auch die Kunst neue Darstellungsformen, um diesen Tendenzen gerecht zu werden, und brachte sie in Gestalt von Großplastiken zum Ausdruck.

Mit der späten Uruk-Kultur hatte Mesopotamien im zu Ende gehenden 4. Jahrtausend v. Chr. die Schwelle zur Hochkultur überschritten, und vom 3. Jahrtausend v. Chr. an entfaltete das Zweistromland mit seinen beiden sich herausbildenden Machtfaktoren Assyrien im Norden und Babylonien weiter im Süden für die folgenden Jahrtausende bis

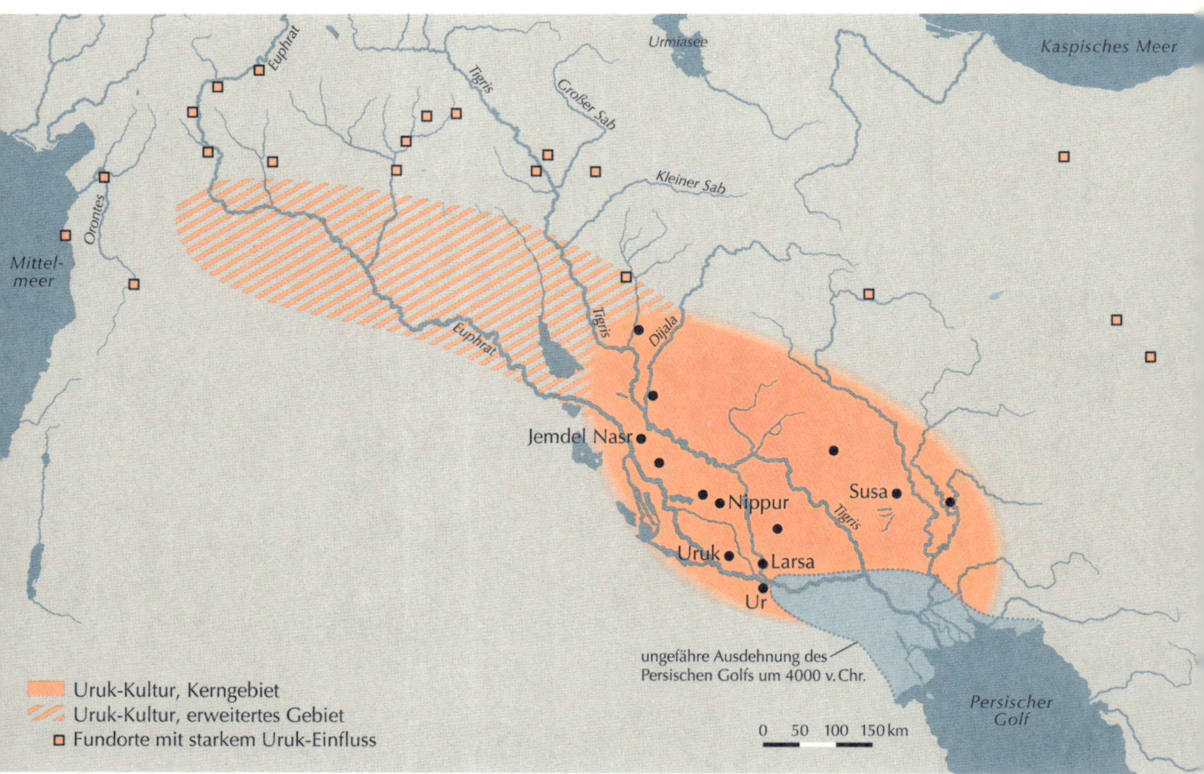

Die Verbreitung der Uruk-Kultur und ihr Einflussgebiet.

letztlich in die islamische Zeit seine ganze zivilisatorische Kraft. Mit Schiiten im Süden und Sunniten weiter nördlich ist der Irak – nicht nur in religiöser Hinsicht – auch heute noch keine Einheit und bleibt sich somit in den Wesenszügen seiner frühesten Geschichte treu.

Der Aufstieg Ägyptens

Überall dort, wo in der Alten Welt potamische, also auf der Beherrschung großer Flussläufe fußende Zivilisationen entstanden, begann ihr Aufstieg aus bäuerlichen Anfängen. Das gilt auch für das ägyptische

Niltal. Dort profitierte man einerseits von den Innovationen Vorderasiens, die man übernahm, andererseits zog man Nutzen aus einer besonders im 4. Jahrtausend v. Chr. immer stärker werdenden Zuwanderung aus der Sahara, wo sich infolge fortschreitender Austrocknung die Existenzbedingungen immer mehr verschlechterten und zu einer Abwanderung der Bevölkerung in das Niltal führten.

Im Fayum und im oberägyptischen Niltal hielt sich das Wildbeutertum noch, als man in Vorderasien längst zum produzierenden Wirtschaften übergegangen war. Aufgrund der hervorragenden Lebensbedingungen für Jäger, Fischer und Sammler bestand für die Menschen dort noch keine Notwendigkeit, ihr künftiges Auskommen in der Landwirtschaft zu suchen. Wenn ein Lebensraum durch seine natürlichen Rahmenbedingungen das Wildbeutertum derartig begünstigt, spricht man auch von einer so genannten ökologischen Bremse, weil die Üppigkeit der Natur die Weiterentwicklung der Kultur- und Lebensverhältnisse behindert.

Seit der Mitte des 6. Jahrtausends v. Chr. hatte sich auch in weiten Teilen des Niltals und im Fayum bäuerliches Leben ausgebreitet. Möglicherweise wurde der Ackerbau aus dem Nahen Osten eingeführt, ganz sicher aber hatte man die Haltung von Schafen und Ziegen von dort übernommen. Anders verhielt es sich mit dem Rind, das in der Sahara unabhängig von den Zentren im Nahen Osten domestiziert worden sein muss. Fundplätze in der Ostsahara (Nabta Playa und Bir Kiseiba) belegen bereits für die Zeit um 8000 v. Chr. früheste Keramik und erste Hausrinder. Die Rinderzucht prägte fortan für Jahrtausende die Lebensweise in weiten Teilen Nordafrikas, wo die Wildbeuter zu einer Art Wanderhirtentum übergingen, bei dem die Rinderhaltung ergänzend zur Jagd und Sammeltätigkeit betrieben wurde und das Spektrum der Lebens- und Wirtschaftsverhältnisse lediglich erweiterte, nicht aber grundlegend revolutionierte. Spätestens bis zum Beginn des 4. Jahrtausends v. Chr. betrieb man überall in Ägypten eine vollentwickelte Landwirtschaft mit Ackerbau und Viehzucht.

War bis in diese Zeit der Norden des ägyptischen Niltals dem Süden immer etwas voraus, was wesentlich mit der Übernahme von Innovationen aus dem Nahen Osten zusammenhing, so kehrten sich die Verhältnisse mit dem Beginn der Naqada-Kultur im frühen 4. Jahrtausend v. Chr. allmählich um. Diese Kultur entstand in Oberägypten und wirkte von dort nach Norden, umfasste gegen Ende ihres Bestehens erstmals nahezu das gesamte Areal des ägyptischen Niltals und bildete damit die Grundlage des späteren ägyptischen Reiches.

Die letzte Stufe Naqada III ab ca. 3200 v. Chr. wird auch mit der so genannten 0. Dynastie gleichgesetzt. Die Königsgräber dieser 0. Dynastie wurden in der Nähe von Abydos freigelegt. Die dortigen ältesten Funde einer ersten ägyptischen Hieroglyphenschrift deuten darauf hin, dass sie unabhängig von der sumerischen und möglicherweise sogar etwas früher als diese entstanden sein könnte. Aus der 0. Dynastie sind erstmals auch Namen ägyptischer Kleinkönige bekannt. Um 3150 v. Chr. kam es zur endgültigen politischen Vereinigung des gesamten Niltals unter oberägyptischer Herrschaft. Die Zeit der 0. Dynastie erscheint im Zuge dessen als eine Periode unentwegter Kämpfe um die Vorherrschaft. Davon zeugt die bekannte Prunkpalette des Königs Narmer, auf der die Unterwerfung der nördlichen Landesteile dargestellt ist und die den Sieg Narmers über einen unterägyptischen König zeigt. In der Erinnerung der alten Ägypter war die Reichseinigung während der 0. Dynastie ein einschneidender historischer Akt, der später bei jedem Regierungsantritt rituell wiederholt werden musste.

Die Anfänge des Pharaonenreichs

Die Zeit des ägyptischen Pharaonenreichs beginnt mit der 0. Dynastie und endet im Jahre 332 v. Chr. mit der Eroberung Ägyptens durch Alexander den Großen, als die Zeit der griechisch-makedonischen Fremdherrschaft einsetzt. Die Geschichte Altägyptens gliedert sich in Dynastien, Reiche und Zwischenzeiten. Manetho, ein Geschichtsschreiber aus hellenistischer Zeit – also jener Ära, die mit den Eroberungen Alexanders beginnt und mit der weltweiten Verbreitung der griechischen Kultur einhergeht –, kannte 31 Dynastien. Die Pharaonenlisten der alten Ägypter sind zum Großteil verloren. Eine Ausnahme ist der so genannte Palermo-Stein aus der 5. Dynastie mit den Königen des Alten Reichs. Eine weitere wichtige Quelle bildet der Turiner Königspapyrus aus der 19. Dynastie, der eine Aufstellung sämtlicher Könige bis einschließlich der 19. Dynastie umfasst. Die Pharaonen werden dort zu Gruppen zusammengefasst, was ungefähr den Dynastien entspricht, von denen Manetho weiß. Die Dynastienrechnung der ägyptischen Pharaonen, die Grundlage ihrer Geschichte, gilt daher als weitgehend verlässlich.

Die Entstehung der Pyramiden

In der heutigen Wahrnehmung wird die Archäologie Altägyptens ebenso gern wie irrig mit der Erforschung der Pyramiden von Gizeh und der Nofretete gleichgesetzt, weshalb wir diese beiden Phänomene kurz betrachten sollten. Kennzeichnend für die Frühzeit des Pharaonenreichs ist, dass es damals noch keine festen Residenzstädte gab und König und Hof per Schiff von einer Besitzung zur nächsten zogen. Größere Tempel fungierten dabei als Verwaltungszentren. Die Königsherrschaft wurde zum göttlichen Prinzip, und der Amtsträger war dieser Idee folgend mit Gott gleichzusetzen. Der Gott Horus stand am Übergang von den menschlichen zu den göttlichen Herrschern, und der Pharao galt als irdische Erscheinungsform des Gottes Horus. Der König erreichte dadurch eine überragende, ja gottgleiche Stellung. Aus dieser exklusiven Machtposition heraus standen dem König alle wesentlichen Rechte und Monopole zu. Er war alleiniger Eigentümer der Arbeitskraft seines Volkes, von Grund und Boden und sämtlichen landwirtschaftlichen Erzeugnissen; er sandte Expeditionen in die Ferne und kontrollierte den Außenhandel.

Die 3. bis 6. Dynastie zwischen 2700 und 2160 v. Chr. bildeten das Alte Reich, die Zeit der großen Pyramiden. Als bedeutendster König der 3. Dynastie gilt Djoser, der die berühmte Stufenpyramide von Sakkara erbauen ließ – die erste Pyramide, die komplett aus Stein errichtet wurde. Die der Stufenpyramide zugrunde liegende Idee ist die der Himmelsleiter, die den Aufstieg zu den Göttern erleichtern sollte. Nicht weit von Sakkara entfernt lag Memphis, die Hauptstadt des Alten Reiches, die jedoch noch nicht genauer lokalisiert werden konnte; vermutlich liegt sie metertief unter Schlammablagerungen des Nils begraben. Auf die Stufenpyramide des Djoser folgte die Knickpyramide von Dahschur, deren Errichtung man Snofru zuschreibt, dem ersten König der 4. Dynastie. Entscheidend ist, dass von dieser Zeit an zu den Pyramidenanlagen auch ein Taltempel an der Grenze zwischen Wüste und Fruchtland, ein Aufweg, eine Umfassungsmauer und ein im Osten der Pyramide errichteter Totentempel gehörten. Hinzu kamen Nebenpyramiden und die so genannte Pyramidenstadt mit Verwaltung und allen für den Totendienst im Bereich der Anlage notwendigen Funktionen.

Der Sohn von Snofru, Cheops, errichtete dann bei Gizeh die mit

Die Pyramiden von Gizeh aus der Zeit des Alten Reichs.

230 Meter Seitenlänge und 147 Meter Höhe die größte Pyramide des Altertums überhaupt. Um die Pyramide stieß man auf vier Schiffe aus libanesischem Zedernholz, die für die Fahrt des toten Königs durch die Himmelsgewässer bestimmt waren. Die zweite und dritte Pyramide von Gizeh stammen von seinen Nachfolgern Chephren und Mykerinos.

Der Pyramidenbau symbolisiert den übersteigerten Anspruch des Königs und eine von Grund auf totalitäre Ordnung. Das Prinzip der Gottessohnschaft ging jedoch am Ende des Alten Reiches seiner Auflösung entgegen, und es kam zu einem Wandel in der Königskonzeption. Verantwortlich für diese Änderung des Weltbilds waren wirtschaftliche Schwierigkeiten, Hungersnöte, Unruhen und tiefgreifende gesellschaftliche Verwerfungen, die in jener Periode, die man die Erste Zwischenzeit nennt, keine Zentralmacht mehr zuließen, ehe sich an der Wende vom 3. zum 2. Jahrtausend v. Chr. das Mittlere Reich etablierte.

Die berühmte Büste der Nofretete.

Die unsterbliche First Lady des Alten Ägypten

Eine weitere faszinierende Epoche der altägyptischen Geschichte grub Ludwig Borchardt 1912 in Tell el-Amarna in Mittelägypten aus: In der Zeit von 1348 bis 1318 v. Chr. kam es mit der Verlegung der Hauptstadt nach Amarna und dem Übergang zum Monotheismus, den der Pharao Amenophis IV. Echnaton seinem Volk verordnet hatte, zu dem wahrscheinlich fundamentalsten Umbruch in Altägypten. Er äußerte sich in der radikalen Abkehr von jahrtausendealten Traditionen im Hinblick auf Staatlichkeit, Religion und Kunst. Berühmter noch als Echnaton, der alle diese Veränderungen ins Werk setzte und exekutieren ließ, ist heute seine schöne Gemahlin Nofretete, insbesondere seit der Entdeckung ihrer berühmten Portraitbüste. Sie verlieh der Geschichte Ägyptens fortan ein besonderes Gesicht.

Nach der Fundteilung kam die Büste der Nofretete zusammen mit zahlreichen anderen Objekten nach Berlin. Damaligem Gesetz folgend hatte der Finanzier der Ausgrabung Anrecht auf die Hälfte der Fundstücke. Als Förderer der Arbeiten in Amarna waren Nofretete und die anderen Funde zunächst Eigentum von James Simon, dem großen Mäzen der Berliner Museen, ehe er diesen Komplex einschließlich der berühmten Büste der Nofretete dem Ägyptischen Museum zu Berlin vermachte. Die erste Ausstellung von Nofretete und weiteren Kunstwerken aus Amarna in den 1920er Jahren veränderte den Blick auf die altägyptische Kultur von Grund auf und begründete einen Mythos. Die Lebensnähe und Schönheit der Büste der Nofretete, die sich von jeglichen Schematisierungen klar distanzierte und das nahezu perfekte Portrait der Königin anstrebte, bricht radikal mit der bisherigen Tradition der altägyptischen Kunst.

Aufgrund der besonderen Bedeutung der Büste wurden die Umstände der Fundteilung immer wieder thematisiert und Vertreter der ägyptischen Altertümerverwaltung forderten gelegentlich die Rückgabe der Nofretete. Fakt ist, dass die Fundteilung den damals gültigen rechtlichen Regelungen folgte, auch deshalb hat die ägyptische Regierung die Büste nie offiziell zurückgefordert. Die Behauptung, der Ausgräber Ludwig Borchardt hätte die ägyptische Seite bei der Autopsie der Funde im Rahmen der Fundteilung hinters Licht geführt, indem er die Büste – mit Lehm verschmiert – in einer Kiste versteckt hätte, entspricht nicht den Tatsachen, weil die ägyptische Seite bereits vor der Aufteilung der Funde durch die Übergabe von Fotos der Nofretete sehr wohl über dieses bedeutende Stück informiert worden war.

Archäologie in der Verantwortung

Nofretete ist heute die beste Botschafterin Ägyptens und der ägyptischen Kultur in Berlin und hält im Nordkuppelsaal des Neuen Museums jedes Jahr vor Hunderttausenden von Menschen aus aller Welt Hof. Nofretete ist zu einer Ikone der Berliner Museumsinsel und zu einem Sinnbild für Weltkulturerbe schlechthin geworden. Doch auch wenn Nofretete rechtmäßig in Berlin ist, so verpflichtet uns ihre Anwesenheit in der deutschen Hauptstadt in besonderer Weise gegenüber ihrem Herkunftsland. Wir kommen dieser Verpflichtung in Form von vielfältigen Kooperationen nach. Dazu gehören die Ausbildung von ägyptischen Museumskuratoren, die Durchführung gemeinsamer Forschungsprojekte, wie zum Beispiel die Aufarbeitung der Amarna-Grabung unter Einbeziehung ägyptischer Gelehrter und Nachwuchswissenschaftler, sowie die Unterstützung Ägyptens bei der Vollendung eines Amarna-Museums. Gemeinsame Verantwortung und Teilhabe kennzeichnen die Formen künftiger Kooperation. Eigentümer der Kulturgüter ist die Menschheit; wir alle, die wir solche Kunstwerke legal erworben in unseren Sammlungen haben, sind lediglich ihre verantwortlichen Kuratoren. Die internationale Zusammenarbeit stellt heute ganz andere Herausforderungen: Wir müssen Fachkompetenzen in den Ursprungsländern entwickeln helfen, sie in schwierigen politischen Situationen sinnvoll unterstützen und sie in ein partnerschaftliches Netzwerk auf gleicher Augenhöhe einbeziehen.

Wer heute die Rückgabe von vor über einem Jahrhundert rechtmäßig ausgeführten Objekten fordert, verkennt die tatsächlichen Probleme. Illegale Archäologie – genauer gesagt, verantwortungslose Raubgräberei – ist heute weltweit zu einer Bedrohung des kulturellen Erbes der

Menschheit geworden. Es gibt inzwischen einen schwunghaften illegalen Antikenhandel, der Milliardenumsätze erzielt. Insbesondere die Altertümer im Irak, eine der Wiegen der Zivilisation, erlitten nach dem Einmarsch der US-Truppen unfassbare Verluste. Nicht nur das Nationalmuseum in Bagdad hat man geplündert, sondern unzählige Fundplätze wurden regelrecht zerwühlt und verwüstet. Und derzeit sind es die den Menschen und seine Kultur gleichermaßen verachtenden Steinzeitislamisten des IS, die nicht nur Kulturgüter zerstören, sondern sich auch über illegalen Antikenhandel finanzieren. Ihre Kunden stammen aus den Wirtschaftseliten der ganzen Welt – auch des Westens, wo man sich besonders über die Barbarei der Islamisten erregt.

Objekte, die aus ihrem Kontext gerissen sind, haben für die Wissenschaft nur mehr geringen Wert, sie sind ihrer Geschichte beraubt. Verantwortungsvolle Vertreter aus Politik und Kulturinstitutionen müssen alle Anstrengungen unternehmen, den illegalen Antikenhandel zu unterbinden und dadurch die weitere Zerstörung der Denkmäler zu verhindern. Dafür sind entsprechende gesetzliche Regelungen für den Antikenhandel notwendig, gerade auch in Deutschland.

Durch Raubgrabungen völlig zerstörte Fundstätte von Zabalam, einer sumerischen Stadt im Süden des Irak, die zuvor die Zeitläufte von fast 5000 Jahren nahezu unversehrt im Boden überstanden hatte.

7
Wirtschaftskrise, zerstörte Paläste und religiöser Wandel – eine Welt im Umbruch

Der älteste Friedensvertrag der Welt

Während des 2. Jahrtausends v. Chr. bestimmten Ägypten, Babylonien und Assyrien die Geschicke im Nahen Osten. In Zentralanatolien kam mit den Hethitern eine weitere Macht hinzu, die ihren Einflussbereich kontinuierlich erweiterte. Die Herrscher Ägyptens, Babyloniens und Assyriens betrachteten den hethitischen Großkönig als gleichrangigen Partner, mit dem sie persönliche Kontakte und Handelsbeziehungen unterhielten. Die diplomatische Korrespondenz blieb in den Archiven von Amarna und in der Königsburg der hethitischen Hauptstadt Hattuscha erhalten. Partnerschaft bedeutete freilich keine ewige Konfliktlosigkeit, und so kam es im Jahre 1274 v. Chr. zur Schlacht bei Kadesch – im heutigen Syrien, unweit von Homs gelegen – zwischen dem ägyptischen Pharao Ramses II. und dem hethitischen Großkönig Muwatalli II. Da diese Schlacht keine Entscheidung über die Vorherrschaft im Nahen Osten herbeiführte, schlossen Ramses II. und der Nachfolger Muwatallis II. – Hattuschili III. – den ältesten bislang bekannten und erhaltenen Friedensvertrag der Welt. Als Symbol für den Frieden ist deshalb eine Kopie dieses Vertrages im UNO-Gebäude in New York ausgestellt.

Der Sonnenwagen von Trundholm, Dänemark, Ältere Nordische Bronzezeit (14. Jahrhundert v. Chr.).

Wirtschaftskrise, zerstörte Paläste und religiöser Wandel

Machtverhältnisse im späten 2. Jahrtausend v. Chr. im zentralen und östlichen Mittelmeerraum und Nahen Osten.

An der Spitze des Hethiterreiches stand der Großkönig, der zugleich oberster Priester, Richter und Feldherr war. Unter ihm gab es nachgeordnete Könige und Herrscherhäuser in den einzelnen Teilgebieten, die sich dem Großkönig durch persönliche Eidesleistung verpflichten mussten. Zu den bahnbrechenden Innovationen der Hethiter gehört die Eisenverarbeitung im 2. Jahrtausend v. Chr. Keilschrifttexte berichten darüber und beschreiben auch verschiedene Formen, wie man Eisen zu härten habe, doch die Ausgrabungen förderten bisher kaum Eisenobjekte aus dieser Zeit zu Tage. Dafür bietet jedoch insbesondere die

Hauptstadt Boğazkale-Hattuscha herausragende Beispiele monumentaler Großarchitektur aus allen Phasen der hethitischen Geschichte, die Zeugnis geben von den großen technischen Fähigkeiten, über die die Vertreter dieser Hochkultur verfügten.

Der Untergang des hethitischen Großreichs wird in die Zeit um 1200 v. Chr. datiert. Von den Umwälzungen betroffen waren sämtliche städtischen Zentren Zentralanatoliens, wie allenthalben mächtige Brandschichten und Spuren massiver Zerstörungen belegen. In den meisten Fällen wurden diese Städte erst nach einigen Jahrhunderten wieder besiedelt. Die Ursachen für den Zusammenbruch der hethitischen Metropolen sind bis heute ungeklärt. Vielleicht waren massive innere Unruhen ausschlaggebend, denn Keilschriftquellen berichten von Getreidehilfslieferungen aus Ägypten und aus Ugarit, weil im Zentrum des Hethiterreiches Missernten zu massiven Hungersnöten geführt hatten. Zudem werden auch inneranatolische Auseinandersetzungen mit Kaschkäern und anderen Stämmen in Betracht gezogen. Doch immer wieder bringt man in diesem Zusammenhang auch den «Seevölkersturm» ins Spiel, über den ägyptische Quellen berichten. Tatsache ist, dass es just in jener Zeit um 1200 v. Chr. auffällige Bevölkerungsverschiebungen in weiten Teilen des ostmediterranen Raumes gab.

Aufstieg und Fall der minoischen Hochkultur

Diese Umbrüche erfassten auch Kreta, die Ägäischen Inseln und das griechische Festland. Als älteste Hochkultur Europas galt das bronzezeitliche Kreta; nach dem mythischen König Minos wird seine Kultur dieser Epoche auch als minoische Kultur bezeichnet. Seit dem späten 4. Jahrtausend v. Chr. kam es auf Kreta zu einem starken Bevölkerungswachstum, ausgelöst nicht zuletzt durch bedeutende landwirtschaftliche Innovationen. Erstmals ist für diese Zeit der Anbau von Oliven und Weintrauben nachgewiesen. Neben kleineren Dörfern auf dem Land entstehen Zentralorte, in denen sich die Metallverarbeitung und andere Handwerkszweige hinter Befestigungsmauern konzentrieren. Kuppelgräber als Grablegen herausragender Persönlichkeiten bezeugen einen kulturellen Aufschwung, der auch zur Ausbildung einer Oberschicht führte. Während dieser Zeit entstanden in Knossos, Mallia und Phaistos die ersten Paläste. Sie waren Sitze der Verwaltung sowie der religiösen und politischen Elite.

Um 1700 v. Chr. wurden die Paläste durch ein Erdbeben zerstört, aber sofort wieder aufgebaut, und zwar größer und repräsentativer als zuvor. Die minoische Hochkultur brachte herausragende Wandmalereien und die älteste Schrift in Europa hervor. Neben einem hieroglyphischen Zeichensystem entstand die Schrift Linear A. Durch Vergleiche mit dem späteren Linear B der Mykener, das bereits als früheste Form des Griechischen gilt, gibt es zwar Interpretationsansätze für Linear A, jedoch konnte es noch nicht wirklich entschlüsselt werden.

In der Mitte des 15. Jahrhunderts v. Chr. erfolgte dann auch der Niedergang der jüngeren minoischen Paläste, von dem sich diese Kultur nie mehr erholte. Offenbar wurde Kreta durch mykenische Festlandgriechen erobert, die ihren Machtbereich über die Ägäischen Inseln bis Kreta und an die kleinasiatische Westküste ausdehnten. Zum Untergang der minoischen Kultur gibt es viele Spekulationen. So machte man auch den gigantischen Vulkanausbruch auf der Insel Thera (Santorin) verantwortlich; davon ausgelöste Tsunamis hätten nicht nur an der Nordküste Kretas, sondern auch im Inneren der Insel massive Verwüstungen anrichten können. Auf jeden Fall ist der Niedergang der minoischen Kultur schon aus chronologischen Gründen nie mit dem so genannten

Seevölkersturm in Verbindung gebracht worden, weil er zeitlich deutlich früher stattfand.

Die Welt der Mykener

Parallel zur minoischen entwickelte sich im Verlauf des 2. Jahrtausends v. Chr. die mykenische Kultur auf dem griechischen Festland. Am Beginn der mykenischen Kultur steht das von Heinrich Schliemann ausgegrabene Schachtgräberrund unmittelbar vor den Toren der Burg Mykene, die dieser Kultur den Namen gab. Dort legte er die Gräber einer Führungselite aus dem 17. Jahrhundert v. Chr. mit goldenen Gesichtsmasken und anderen Prunkbeigaben frei. In der Folgezeit entstanden in großen Teilen Griechenlands unabhängige mykenische Kleinstaaten mit befestigten Zentralorten, deren Mittelpunkt jeweils ein Palast bildete. Dazu gehören die Anlagen von Pylos, Argos, Tiryns, Theben, Athen und Mykene. Ein Wesensmerkmal dieser Bauwerke ist das so genannte kyklopische Mauerwerk, das seinen Namen wegen der gewaltigen Steinblöcke erhielt, die man zu seiner Errichtung verwendete und die so groß sind, dass man sich nicht vorstellen konnte, dass Menschen diese Arbeit hatten ausführen können. Während der Blütezeit der mykenischen Kultur im 13. Jahrhundert v. Chr. waren mykenische Waren, insbesondere die gut zu identifizierende mykenische Keramik, in weiten Teilen des Mittelmeerraumes verbreitet: an der Levanteküste, in Zentralanatolien, in Süditalien und sogar auf der Iberischen Halbinsel.

Die mykenische Kultur prägte aber nicht nur den mediterranen Raum, sondern unterhielt auch Handelskontakte in den Schwarzmeerraum, in das Karpatenbecken sowie bis nach Süddeutschland. Dort wur-

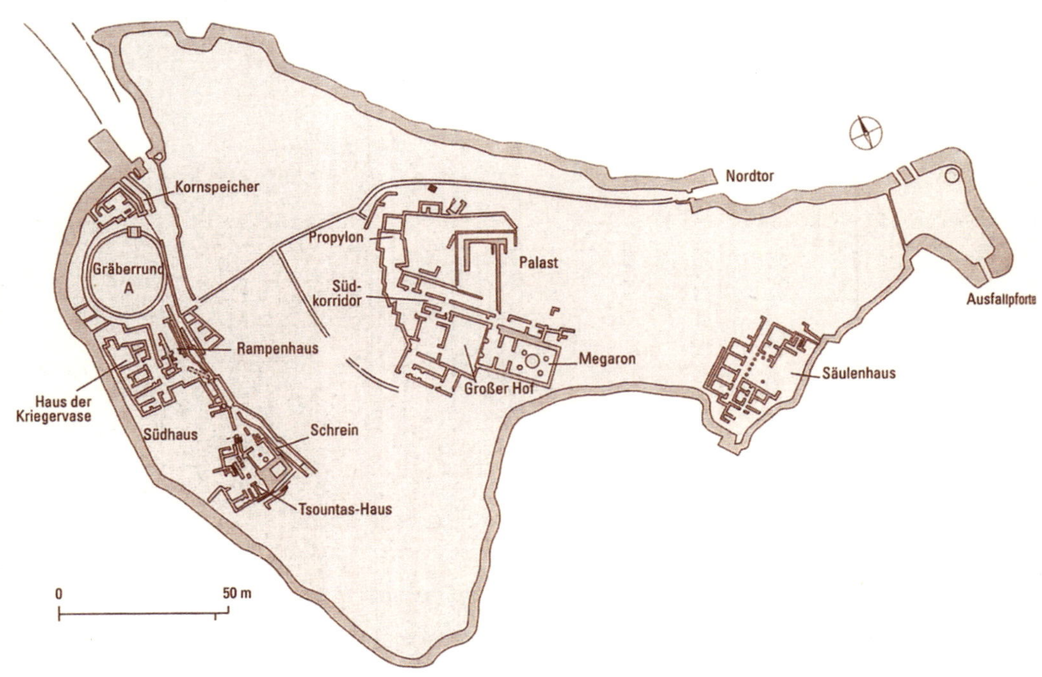

Die Burg von Mykene.

den in der Bronzezeit erstmals Burgen errichtet, die als Herrschafts- und Machtzentren dienten. In Süddeutschland gehört Bernsdorf bei Freising zu den größten und bedeutendsten Anlagen dieser Art. Die befestigte Höhensiedlung mit einer Innenfläche von 13 Hektar und einer fast zwei Kilometer langen Holz-Erde-Mauer aus etwa 40 000 Eichenstämmen lag an der Bernsteinstraße, die vom Ostseegebiet bis nach Italien und in das Karpatenbecken führte. Ihre Bedeutung und die verkehrsstrategisch begünstigte Lage machten die Bewohner wohlhabend; die Eliten dieser Zentren standen möglicherweise auch in lockerem Kontakt mit der mykenischen Oberschicht des Südens. Es ist die Zeit, in der die Schachtgräber von Mykene mit ihrem reichen Goldschmuck angelegt wurden. Auch in Bernsdorf kamen bemerkenswerte Goldobjekte zum Vorschein: Nadeln, ein kronenartiges Diadem, Bleche von einer Halskette, zwei Armbänder, ein schmaler Gürtel und ein Zeptergriff – alle aus sehr dünnem Goldblech gefertigt. Aufgrund der extremen Fragilität der Stücke vermutet man, dass sie nicht von der örtlichen Elite getragen wurden, sondern möglicherweise ein hölzernes Kult- oder Götterbild zierten, doch könnten die Objekte auch Teil einer rituellen Bestattung gewesen sein. Aufgrund des hohen Reinheitsgrades des Goldes dieser Stücke scheint es derzeit jedoch auch nicht ausgeschlossen, dass es sich dabei um moderne Fälschungen handelt.

Kurz nach 1200 v. Chr. gehen sämtliche städtischen Zentren der mykenischen Kultur unter. Die Ursachen dieses Vorgangs sind nach wie vor ungeklärt. Manche machen Ressourcenknappheit, Verteilungskämpfe und innere Unruhen dafür verantwortlich. Eine andere These geht davon aus, dass fremde Gruppen in den mykenischen Machtbereich eingedrungen waren und ihre Paläste zerstörten. Linear-B-Tafeln berichten, dass Pylos von äußeren Feinden zerstört worden sein soll. Diese Theorien und Indizien führen erneut zur These vom «Seevölkersturm», der den Umbruch im gesamten östlichen Mittelmeerraum ausgelöst haben soll.

Die rätselhaften Seevölker

«Seevölker» sind in den ägyptischen Quellen des Neuen Reichs eine Sammelbezeichnung für Fremdvölker, die unter Ramses III. zu Beginn des 12. Jahrhunderts v. Chr. Ägypten bedrohten. Sie sollen auch Ugarit an der Levante und viele andere Orte im Nahen Osten zerstört haben. Inschriften in Karnak berichten von Schlachten, die die Ägypter gegen eine Koalition aus Libyern und so genannten Seevölkern führten. Auf den Reliefs des Totentempels von Ramses III. in Medinet Habu sind Fremdvölker dargestellt: Sie tragen Helme mit Federkronen, Hörnerhelme oder Stirnbänder. Ein typischer Bestandteil ihrer Bekleidung ist ein kurzer Rock; ihre Bewaffnung besteht aus Panzer, Rundschild, Speer, Lanze und Schwert. Ihre Schiffe zeigen Segel und an Bug und Heck auffällige Vogelköpfe. Was die Identität dieser «Seevölker» betrifft, so gibt es zahlreiche Theorien, von denen jedoch keine wirklich überzeugt.

Einer neuen These zufolge hat es sich bei den «Seevölkern» nicht um fremde Invasoren gehandelt, sondern um einheimische Rebellen, die letztlich nur der Hunger zu ihren Verwüstungszügen getrieben hatte. In der Tat berichten die Quellen jener Zeit von Versorgungsengpässen und Hungersnöten, ausgelöst durch Missernten. Auch heute ist viel vom Mittelmeer die Rede, weniger als Traumland, sondern als Synonym für Krisenregion. Von Süden drängen Verfolgte und Verzweifelte an seine Küsten, im Osten treiben islamistische Regime ihr Unwesen, und es schwelen politisch-militärische Dauerkonflikte, während an seinen nördlichen Küsten ganze Volkswirtschaften dahinsiechen, die sich

Darstellung von so genannten Seevölkern mit Hörnerhelmen auf den Reliefs von Medinet Habu, Ägypten.

der «Schuldenkultur» einer globalisierten Welt partout nicht unterwerfen wollen. Ist das Mittelmeer um 1200 v. Chr. wie heute also ein krisengeschütteltes Sammelbecken für «Verlierer der Geschichte» gewesen? Der Gedanke ist verführerisch, dass es sich auch um 1200 v. Chr. bereits um systembedingte Unzulänglichkeiten handelte, die zu einer Erhebung verarmter und unterdrückter Volksmassen gegen ihre Herren führten, was schließlich die Erosion der bronzezeitlichen Imperien in der Ägäis und im östlichen Mittelmeerraum herbeiführte.

Frühere Ideen, wonach es sich bei den «Seevölkern» um aus dem Norden Europas eingewanderte Gruppen gehandelt haben soll, gehören jedoch ins Reich der Legende. Zwar mögen die im ägyptischen Medinet Habu dargestellten Fremdvölker mit ihren Hörnerhelmen, Rundschilden, Lanzen, Schwertern und Schilden samt ihren von Vogelköpfen bekrönten Schiffen an ähnliche Funde und Darstellungen von Waffenausrüstungen und Schiffsformen des spätbronzezeitlichen nordischen Kreises erinnern, doch Beweiskraft kommt solchen Parallelen nicht wirklich zu, weil diese Elemente in ganz Europa verbreitet waren.

Radikale Veränderungen in Mitteleuropa im Spiegel archäologischer Funde

Auch in weiten Teilen Mitteleuropas kam es in der Zeit um 1200 v. Chr. zu massiven Umwälzungen. Am deutlichsten kommt dies in einer grundlegenden Veränderung der Bestattungssitte zum Ausdruck: War bis in die Zeit der Hügelgräberbronzezeit vom 15. bis zum 13. Jahrhundert v. Chr. noch die Körperbestattungssitte unter aufgeschütteten Grabhügeln vorherrschend, so setzte sich um 1200 v. Chr. in weiten Teilen Mittel- und Osteuropas die so genannte Urnenfelderkultur durch. Fortan wurden

Verstorbene stets verbrannt und ihre Asche entweder in Grabgruben geschüttet oder in Urnen beigesetzt. Diese Tatsache zeugt von einem tiefgreifenden Wandel der Jenseitsvorstellungen und repräsentiert eine der radikalsten Änderungen im Totenritual des vorgeschichtlichen Europa. Durch das Verbrennen des Leichnams mit seinem persönlichen Besitz auf dem Scheiterhaufen wurde die diesseitige Erscheinung des Verstorbenen für das Jenseits offenbar ganz bewusst vollkommen aufgelöst.

In Süddeutschland finden sich vereinzelt reichere Gräber mit Wagenbeigaben, wie beispielsweise im oberbayerischen Hart an der Alz. Dort hat man den Verstorbenen zusammen mit einem Wagen, den Waffen und sonstigen Beigaben auf einem Scheiterhaufen verbrannt und die verkohlten Überreste anschließend in die Grabkammer gekippt. Wo dies geschah, handelte es sich um riesige Brandopferfeste mit mächtigen Scheiterhaufen, vergleichbar heutigen luxuriösen Kremationen im buddhistischen und hinduistischen Süd- und Ostasien.

Doch der radikale Wandel beschränkte sich nicht auf den religiösen Bereich. Auch in Europa finden sich Hinweise auf kriegerische Auseinandersetzungen, die an den Umbruch in der Ägäis und im östlichen Mittelmeerraum erinnern, insbesondere seit im mecklenburgischen Tollense das älteste Schlachtfeld Europas aus dem 13. Jahrhundert v. Chr. entdeckt wurde. An den Ufern eines Flusses kamen auf einer Strecke von mehreren hundert Metern Skelettreste von über 120 jungen Männern mit unverheilten Verletzungen zum Vorschein, die ganz offensichtlich bei Kämpfen den Tod fanden. Oberarmknochen, in denen noch die eingeschossenen Pfeilspitzen steckten, und weitere Knochenverletzungen infolge von Hieben und Pfeilschüssen lassen auf die Heftigkeit der Kämpfe schließen. Offenbar trieben die Körper der Gefallenen eine Zeitlang im Fluss, ehe sich die Leichen zersetzten oder in der Ufervegetation verfingen und dort schließlich versanken. Auch viele befestigte

Burgen der Bronzezeit zeigten bei archäologischen Untersuchungen immer wieder Hinweise auf gewaltsame Auseinandersetzungen, wie etwa die Heunischenburg in Oberfranken, wo sich offenbar heftige Kämpfe im Torbereich abspielten.

Das kriegerische Element ist zu jener Zeit in weiten Teilen Europas allgegenwärtig und prägte auch die Selbstdarstellung der Eliten. In ihren Gräbern finden sich vielfach komplette Rüstungen mit Helm, Brustpanzer, Beinschienen und Rundschild sowie Schwert und Lanzen, alles aus Bronze. Die Ausrüstungen dieser Kriegereliten der jüngeren Bronzezeit wurden in vielen Teilen Europas entdeckt, sie lassen aber regionale Unterschiede erkennen. Sie zeigen sich in den Grabausstattungen ebenso wie in Waffendeponierungen und Opfern, bei denen die Gaben in Gewässern versenkt wurden.

Kriegerische Auseinandersetzungen, die in der Brandbestattungssitte zum Ausdruck kommende radikale kultisch-religiöse Neuorientierung des Menschen in weiten Teilen Europas, zahllose Versenkungsopfer und die Anlage von Opferdepots waren gleichsam paneuropäische Phänomene dieser Epoche. Hortfunde charakterisieren die jüngere Bronzezeit von der Iberischen Halbinsel bis in die Gebiete am Schwarzen Meer. Dabei handelt es sich nicht etwa um Versteckfunde – Zeugnisse unruhiger Zeiten, in denen man seine Habe vergrub in der Hoffnung, sie in besseren Tagen wieder heben zu können; vielmehr waren es Gaben an die Götter. Die Bronzegegenstände wurden in Seen, in Flüssen oder in Höhlen willentlich unwiederbringlich versenkt und damit unterirdischen Mächten dargebracht.

Die Zusammensetzung dieser Horte ist sehr unterschiedlich, folgt aber bestimmten Regeln bzw. Ausstattungsmustern. So gibt es reine Waffen- oder Schmuckhorte ebenso wie gemischte Deponierungen oder auch solche mit Bronzegefäßen. Von besonderem Interesse sind so ge-

Der urnenfelderzeitliche Depotfund von Pfeffingen, Baden-Württemberg, mit absichtlich zerbrochenen Bronzegegenständen.

nannte Brucherzdepots, bei denen sämtliche Gegenstände zerhackt oder zerbrochen und damit bewusst unbrauchbar gemacht wurden, ehe man sie deponierte. Ganz offensichtlich hatte man bei der Zerstörung dieser Gegenstände extreme Gewalt inszeniert – gleichsam ein religiös motiviertes, fast ekstatisches Handeln, das unserem modernen Denken fremd erscheint, jedoch auch klarmacht, dass die Gaben ausschließlich den Göttern geweiht waren und nie wieder zum Gebrauch durch Menschen herangezogen werden sollten.

Eine ganz besondere Fundgattung stellen die so genannten Goldhüte dar; sie wurden anders als die zuvor erwähnten Objekte höchstwahrscheinlich von Angehörigen der Eliten als Einstücke unzerstört vergraben. Bei den meisten Goldhüten handelt es sich um Altfunde, bei denen die Entdecker den Fundumständen keine weitere Beachtung schenkten, so dass keine näheren Aussagen zu ihrer Verwendung und Funktion möglich sind. Sie gehören zu den bedeutendsten und prunkvollsten Objekten der mitteleuropäischen Bronzezeit. Die Frage, ob diese Goldhüte mit ihrer reichen Ornamentik möglicherweise Kalenderfunktion hatten, wie gelegentlich vermutet wird, oder lediglich Kultbilder darstellten, wird kontrovers diskutiert, ohne dass bislang jedoch eine eindeutige Entscheidung zu treffen wäre.

Der berühmte Sonnenwagen von Trundholm, der 1902 in Dänemark gefunden wurde, repräsentiert in der Kulturgeschichte des Nordens die rituelle Bedeutung des Wagens. Auf dem von einem Pferdegespann gezogenen Wagen ist eine stehende Scheibe befestigt, deren eine Seite vergoldet ist, die andere hingegen nicht. Die Scheibe bezeichnet damit den Wechsel vom Tag zur Nacht. Der Sonnenwagen von Trundholm – alles in allem 60 Zentimeter lang – dürfte bei rituellen Handlungen und Umzügen wahrscheinlich den ewigen Kreislauf der Sonne als zyklischen Mythos symbolisiert haben. In vielen Teilen Europas wurde die Sonnenscheibe auch mit einem Vogelbarkenmotiv kombiniert: Die Sonne befand sich dabei nicht auf einem Wagen, sondern sie stand in einem Schiff oder einer Barke, deren beide Enden in der Regel in Vogelköpfen ausliefen. Diese Sonnenscheiben- und Vogelbarkenmotive bilden aufgrund ihrer weiten Verbreitung paneuropäische religiöse Symbole, deren wirkliche Bedeutung jedoch bis heute rätselhaft bleibt, weil aus dieser Zeit noch keine erläuternden Schriftquellen vorliegen.

Zu den bedeutendsten Hortfunden der ausgehenden Bronzezeit gehört jener von Eberswalde nördlich von Berlin. Er wurde im 9. Jahrhundert v. Chr. vergraben und umfasst acht Goldschalen sowie Barren, Schmuck und Draht aus Gold in einem Tongefäß – offenbar der Besitz eines Goldschmiedes. Dieser herausragende Fund der brandenburgischen Bronzezeit wurde 1945 von sowjetischen Trophäenkommissionen nach Russland abtransportiert und befindet sich seitdem im Puschkin-Museum zu Moskau. Zusammen mit den Schatzfunden aus Troja, die sich gleichfalls in Russland befinden, steht der Eberswalder Hort in besonderer Weise stellvertretend für die Beutekunstproblematik, die Deutschland und Russland auch 25 Jahre nach dem Fall der Mauer und des Eisernen Vorhangs noch trennt.

Durch das so genannte Duma-Gesetz von 1998 wurden alle noch in Russland befindlichen deutschen Kulturgüter als Kompensation für die deutschen Kriegszerstörungen zu russischem Eigentum erklärt. Das widerspricht jedoch dem Völkerrecht, auf dessen Einhaltung Deutschland pocht. Politisch und juristisch könnten die Positionen Deutschlands und Russlands gegensätzlicher nicht sein, doch auf der Fachebene arbeiten russische und deutsche Museumsfachleute schon seit vielen Jahren vertrauensvoll und eng zusammen, wie auch die von Angela Merkel und Vladimir Putin gemeinsam eröffnete Bronzezeitausstellung im Juni 2013 in der Eremitage zu Sankt Petersburg zeigte, in der viele aus Deutschland stammende bronzezeitliche Funde, so auch der Goldschatz von Eberswalde, zum ersten Mal wieder der Öffentlichkeit präsentiert wurden. Solange die Frage von der Politik nicht gelöst wird, nehmen deutsche und russische Fachleute eine gemeinsame Verantwortung wahr und widmen sich der wissenschaftlichen Erforschung dieser einstigen Bestände der Berliner Museen.

Doch zurück in die Bronzezeit: Es waren damals gigantische Mengen an Bronze und Gold, die in der Zeit zwischen 1200 und 900 v. Chr. in weiten Teilen Europas aus religiösen Beweggründen für immer versenkt oder vergraben wurden – eine geradezu unfassbare Wertentäußerung der damaligen Gesellschaft. Der Glaube war also schon damals in der Lage, Berge zu versetzen. Gegen Ende der jüngeren Bronze- bzw. Ur-

Mitarbeiter der Staatlichen Museen zu Berlin – Preußischer Kulturbesitz nehmen im Moskauer Puschkin-Museum erstmals seit dem Zweiten Weltkrieg wieder den lange verschollen geglaubten Goldfund von Eberswalde in Augenschein.

nenfelderzeit im 9. Jahrhundert v. Chr. kam es dann zu intensiveren Kontakten zwischen den europäischen und den Kulturen der nordpontischen Steppe, wo sich zu jener Zeit das Reiternomadentum zu formieren begann. Diese Entwicklung führte dazu, dass neue Pferderassen, neues Zaumzeugzubehör und auch neue Angriffswaffen aus der östlichen Steppe in den Westen eingeführt wurden, schnell den europäischen Markt eroberten und in der Folge zusammen mit anderen Einflüssen aus dem Süden Europas das Ende der Bronzezeit und den Beginn der Eisenzeit herbeiführten.

8

Wein und Feigen, Mode und Möbel – Mitteleuropa im Bann des Südens

Aufstieg und Fall der Phönizier

Zu Beginn des 1. Jahrtausends v. Chr. vollzogen sich grundlegende Veränderungen im Mittelmeerraum, die auch Auswirkungen auf Mitteleuropa hatten, das in immer engeren Kontakt mit den mediterranen Zivilisationen trat. Erst Phönizier, dann Griechen und Etrusker waren dabei die Hauptakteure im Süden. Nördlich der Alpen herrschten Großbauern und Salzherren der Hallstatt-Kultur, die aufmerksam registrierten, was im Süden geschah.

Alles begann damit, dass sich an der Levanteküste das semitische Volk der Phönizier bildete und dort zwischen 1000 und 800 v. Chr. Stadtstaaten in Akkon, Byblos, Sidon und Tyros gründete, von denen Tyros bald eine gewisse Vormachtstellung errang. Tyros besaß als einzige phönizische Stadt auch ein größeres Hinterland, das die Bevölkerung der Stadt ernähren konnte. Die Phönizier dürfen als die Erfinder der ältesten bekannten Alphabetschrift gelten, auf der alle späteren Schriftsysteme fußten.

Der Tempel E auf dem Osthügel in der griechischen Kolonie von Selinunt, Sizilien, erbaut etwa 470 bis 450 v. Chr.

Eine Ausdehnung des phönizischen Gebiets nach Osten war durch die starke Machtstellung der Assyrer unmöglich. Die Phönizier richteten deshalb ihren Blick nach Westen und erschlossen sich als Seefahrer und Händler einen Großteil des Mittelmeerraums von Zypern über Sizilien und Nordafrika bis zur Iberischen Halbinsel. Durch die Meerenge von Gibraltar, die in der Antike so genannten *Säulen des Herakles*, segelten sie entlang der marokkanischen Küste sogar noch in den Atlantik. An fremden Küsten gründeten sie Handelsstützpunkte, so genannte Faktoreien. Die südlichste der bislang bekannten Faktoreien liegt im Atlantik auf der Insel Mogador gegenüber der heutigen westmarokkanischen Stadt Essaouira. Ob die Phönizier auch die Azoren erreicht oder gar Westafrika umrundet haben könnten, bleibt Spekulation.

Von allen phönizischen Faktoreien sind diejenigen in Südspanien zwischen Cadiz und Almería am besten erforscht. Dort lebten sie zwar entschieden getrennt von der einheimischen Bevölkerung, trieben aber mit ihr intensiven Handel und wirkten im Laufe der Zeit prägend auf deren Kultur ein. Dieser enge Kontakt führte im Mündungsbereich des Guadalquivir im weiteren Hinterland von Sevilla zur Entstehung des sagenhaften Reiches von Tartessos, in dem am stärksten einheimische Traditionen mit orientalischen Gebräuchen verschmolzen und so eine eigenständige Kultur entstand.

Im Verlauf des 6. Jahrhunderts v. Chr. verloren die phönizischen Mutterstädte an der Levante ihre Unabhängigkeit und wurden Teil des neubabylonischen Reiches. Von diesem Zeitpunkt an durchliefen ihre Faktoreien im westlichen Mittelmeerraum eine eigenständige Entwicklung, und es entstand die punische Kultur mit dem Zentrum Karthago nahe Tunis, das später zu einem der gefährlichsten Widersacher des aufstrebenden Rom wurde, ehe die Römer Karthago nach den drei Punischen Kriegen (264–241 v. Chr., 218–201 v. Chr., 149–146 v. Chr.) dem Erdboden gleichmachten.

Die große Kolonisation der Griechen

Zeitlich parallel zum Bedeutungsverlust der Phönizier an der Levante vollzog sich im Westen der Aufstieg der Griechen. Während der griechischen Kolonisation vom 8. bis zum 6. Jahrhundert v. Chr. gründeten Mutterstädte auf dem griechischen Festland – beispielsweise Korinth und Megara – oder im westlichen Kleinasien – so etwa Milet und Phokaia – Kolonien im gesamten Schwarzmeerraum, in Süditalien, an den Küsten der Adria, in Sizilien sowie im Rhône-Mündungsgebiet und in angrenzenden Gebieten entlang der spanischen Mittelmeerküste. Im Südosten erreichten die Griechen Zypern und mit Naukratis auch das Mündungsdelta des Nils. Nur im Osten an der Levante verhinderten die vorderasiatischen Großreiche, dass Griechen sich dort dauerhaft festsetzten.

Die Wirkung, die von dieser Kolonisationstätigkeit der Griechen ausging, war von enormer historischer Tragweite. Anders als die Phönizier gründeten sie keine reinen Handelsstützpunkte, sondern es waren griechische Pflanzstädte, die griechische Kultur in die Fremde trugen. Besonders Süditalien und Sizilien erfuhren eine massenhafte Zuwanderung griechischer Siedler. Die griechische Kolonisation war freilich nicht das Ergebnis einer übergreifenden zwischenstaatlichen Planung, vielmehr handelte es sich um eine Summe von Einzelvorgängen, die je unterschiedlich motiviert waren – Überbevölkerung und innenpolitischen Spannungen kam dabei besondere Bedeutung zu – und die sowohl mit Erfolgen wie Misserfolgen einhergingen. Erst im Rückblick erscheinen die einzelnen Kolonisationsversuche als ein zusammenhängendes historisches Phänomen.

Nachfolgende Doppelseite: Europa im frühen 1. Jahrtausend v. Chr. zwischen Phöniziern, griechischer Kolonisation und Hallstatt-Kultur.

Voraussetzung für die Kolonisation war eine ausgeprägte Mobilität

Nordsee
Atlantischer Ozean
Rhenos
Hirschlanden
Hochdorf
Danubio
Mont Lassois
Liger
Breisach
Heuneburg
HALLSTATT-KULTUR
Alpen
Veneter
Atria
Spina
Bononia
Ligurer
Rhodanos
Garunas
Antipolis
Massalia
Populonia
Elba
Vulci
Korsika (Kyrnos)
Tarquinii
Veii
Caere
Emporion
Iber
Tagos
Iberer
Pithekous
Sardinien (Sardo)
Tyrrhenische Meer
Balearen
Mittelmeer
Gades
Mainake
Lixus
Utica
Karthago
Expansion und Kolonisation etruskischer Städte (ca. 9.–5 Jahrhundert v. Chr.)
Griechisches Mutterland und Kolonisationsgebiete
Phönizisches Kerngebiet
Phönizisch-punisches Gebiet
Wichtiger hallstattzeitlicher Fundort

Tanaïs
Tanaïs
Borysthenes
S k y t h e n
Hypanis
Maiothisches Meer
Olbia
Phanagoreia
Pyretos
Kimmerischer Bosporos
Pathisos
D a k e r
Schwarzes Meer
(Pontos Euxeinos)
Istros
Phasis
Istros
Sinope
Apollonia
llyrer
Thraker
Byzantion
atisches Meer
Epidamnos
Apollonia
Lemnos
Lesbos
Eresos
Kyme
Phokaia
Korkyra
Dodona
Sybaris
Euböa
Chios
Ephesos
Al Mina
Leukas
Delphi
Perachora
Samos
Milet
Athen
Korinth
Salamis
Didyma
Phaselis
Ägina
Ionisches Meer
Olympia
Knidos
Zypern
(Kypros)
Kition
Byblos
Sparta
Rhodos
usai
Sidon
Tyros
Kreta
Mittelmeer
Kyrene
Naukratis
Neilos
Rotes Meer
0 100 200 300 km

und eine hohe Risikobereitschaft im Sinne eines Entrepreneur-Geistes, von denen auch die homerischen Epen zeugen. Da bereits mykenische Griechen auf Sizilien und Zypern siedelten und Handelsbeziehungen mit der Levante, Ägypten und der Iberischen Halbinsel unterhielten, verfügten die Griechen der archaischen Zeit über ein umfassendes Wissen und weitreichende Kontakte. Bevor sich die Kolonisten auf den Weg machten, befragten sie meist das delphische Orakel. Dessen Weihgott Apollon wurde damit zu einer besonderen Schutzgottheit der Kolonisten und ihrer Neugründungen. Dies führte aber auch dazu, dass sich in Delphi Informationen über Vorhaben und Schwierigkeiten der Aussiedlungsinitiativen konzentrierten und die Orakelstätte zu einer Art Koordinationszentrum der griechischen Kolonisation wurde.

Das griechische Kolonisationsgeschehen war von herausragender kulturhistorischer Bedeutung. Die Wirkung der griechischen Pflanzstädte lässt sich sehr gut in Mittelitalien verfolgen, wo die Etrusker nicht nur das griechische Alphabet übernommen haben, sondern sich auch für griechische Kunsterzeugnisse begeisterten, die wiederum das eigene Kunsthandwerk beeinflussten. Entsprechendes gilt für die Iberer auf der Iberischen Halbinsel oder die Skythen an der Nordküste des Schwarzmeerraums. Doch auch die Hallstatt-Kultur nördlich der Alpen wurde zur Zielregion griechischer Exporte.

Die Hallstatt-Zeit in Mitteleuropa

Nach dem Ende der jüngeren Bronze- bzw. Urnenfelderzeit im 9. Jahrhundert v. Chr. entstanden in weiten Teilen Mitteleuropas neue Kulturverhältnisse. Die Bronze blieb zwar zunächst noch vorherrschender Werkstoff, insbesondere für Schmuck und Metallgefäße, doch seit dem

8. Jahrhundert v. Chr. wurde die Eisenverarbeitung immer wichtiger. Damit begann die ältere Eisenzeit, die in Mitteleuropa auch als Hallstatt-Zeit oder Hallstatt-Kultur bezeichnet wird. Da Eisen und der härtere Stahl bis heute unser Leben bestimmen, befinden wir uns – so könnte man sagen – noch immer in der Eisenzeit, wenngleich die Bedeutung von Kunststoffen und anderen Materialien in den letzten Jahrzehnten immer stärker zugenommen hat.

Eine wichtige Begleiterscheinung der Eisengewinnung in der Antike war der enorm hohe Verbrauch von Holz, denn für die Verhüttung des Eisenerzes benötigte man Unmengen von Holzkohle. Dies führte zu massiven Abholzungen ganzer Landstriche, denen die Abschwemmung der Böden (Erosion) folgte. Technischer Fortschritt in Form von extensiver Eisenmetallurgie war also schon damals nur um den Preis gewaltiger Umweltzerstörungen zu erreichen. Im Umfeld der Verhüttungszentren belegen Pollenanalysen zudem eine massive Umweltbelastung durch Schwermetalle. Gesund war das Leben in der Nähe von solchen «Industriezentren» also bereits in den Anfängen der Eisenzeit nicht.

Der Übergang von der Urnenfelder- zur Eisenzeit fiel zusammen mit einer nachhaltigen Klimaveränderung. Um die Mitte des 9. Jahrhunderts v. Chr. wurde es in der gesamten nördlichen Hemisphäre kühler und feuchter. Dies hatte in einigen Regionen eine Verlagerung der Siedlungsgebiete zur Folge. Im Umfeld der Alpen siedelte man bis in die späte Urnenfelderzeit bevorzugt an den Uferrändern von Seen, insbesondere westlich und nördlich der Alpen. Dort waren weitläufige und planvoll angelegte Pfahlbausiedlungen entstanden, die, wie bereits erwähnt, auch Zentren der Bronzeproduktion waren. Mit dem feuchteren und kühleren Klima stiegen jedoch die Seespiegel, so dass die Seeuferzonen nicht mehr für eine Besiedlung geeignet waren und aufgegeben wurden.

Zu den wichtigsten Fundplätzen der älteren Eisenzeit vom 8. bis zum 5. Jahrhundert v. Chr. gehört Hallstatt im oberösterreichischen Salzkammergut – nach diesem Ort wurde die Periode benannt. In Hallstatt wurde bereits im 19. Jahrhundert eines der größten prähistorischen Gräberfelder Mitteleuropas ausgegraben. Von den mehr als 1000 Gräbern enthielten die meisten sehr reiche Ausstattungen; Schmuckstücke aus vielen Teilen Europas zeugen von weitreichenden Kontakten. Grundlage des Wohlstands wie auch der Handelsbeziehungen waren die Salzvorkommen bei Hallstatt, die seit der Bronzezeit abgebaut wurden und zu den reichsten in Europa gehörten. Die Importfunde aus dem Gräberfeld zeigen, dass das Salz in weiten Teilen Mitteleuropas begehrt war. Überall dorthin vertrieb man das Hallstätter Salz, das weiße Gold, und erwarb am Zielort im Gegenzug die lokalen Produkte. Neben dem Salzkammergut lagen weitere Zentren des prähistorischen Salzabbaus am Dürrnberg südlich von Salzburg sowie im Mittelelb-Saale-Gebiet um die heutige Stadt Halle. In all diesen Gebieten entstanden wohlhabende Gemeinschaften mit reich ausgestatteten Elitengräbern und befestigten Zentralorten; die Importe, die sich in diesen Regionen nachweisen lassen, belegen einen lebhaften Salzhandel quer durch Mitteleuropa.

Jenseits von Eisenmetallurgie und Intensivierung des Salzabbaus erfuhren die Gesellschaften Mitteleuropas während der Hallstatt-Zeit aber noch eine weitere Innovation: Aus den Steppen des Ostens gelangte eine neue, größere und schnellere Pferderasse in den Westen. In der archäologischen Überlieferung hinterließ sie ihre Spuren in Gestalt der deutlich größeren Trensen, deren Archetypen im Nordschwarzmeerraum und im Nordkaukasus anzutreffen waren und die seit dem 9. Jahrhundert v. Chr. über das Karpatenbecken auch in dem östlichen Hallstatt-Gebiet Verbreitung fanden. Damit korrespondieren sehr schön Veränderungen in der Bewaffnung der Hallstatt-Krieger. Damals, in der

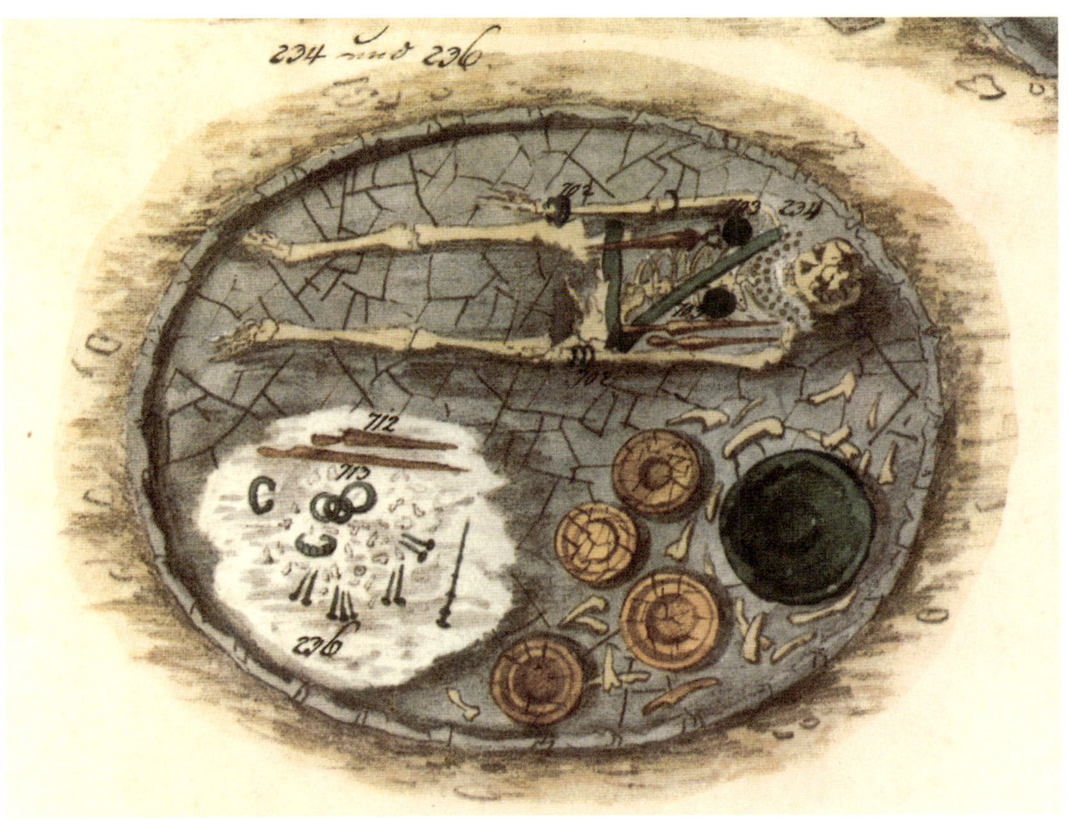

Plan der alten Grabungen (1846 bis 1863) im Gräberfeld von Hallstatt, Salzkammergut, Österreich.

Älteren Eisenzeit, erlangte nämlich wieder das Langschwert zentrale Bedeutung. Da aber für die zu Fuß kämpfenden Krieger diese extrem langen Eisenschwerter hinderlich gewesen wären, dürfen wir annehmen, dass es sich dabei um spezielle Waffen für berittene Krieger gehandelt haben könnte. Dies gilt umso mehr, als sich in den Gräbern von Schwertträgern eben häufig auch das beschriebene Pferdegeschirr als Beigabe findet. Die östlichen Steppenkrieger kannten das Langschwert in jener frühen Zeit jedoch noch nicht – also hatte man es auch nicht von ihnen übernommen, sondern es war eine eigenständige Entwicklung der Hallstatt-Kultur.

Sehnsucht nach südlichem Lebensstil

Im späten 7. Jahrhundert v. Chr. finden sich erste Anzeichen für eine fortgeschrittene soziale Differenzierung der hallstattzeitlichen Gesellschaft: Ein Grabhügel im Frankfurter Stadtwald barg ein besonders prunkvolles Eisenschwert, dessen Knauf mit Goldblech verziert war. Dazu gehörte ferner ein reicher Geschirrsatz und eine aus Bronze gearbeitete Schale, die einst aus Etrurien importiert worden war. Solche besonderen Gegenstände waren nicht unbedingt Teil eines regulären Handels; vielmehr könnte es sich auch um Gastgeschenke südlicher Potentaten für immer selbstbewusster werdende Hallstatt-Fürsten im Norden gehandelt haben. Die hallstattzeitlichen Eliten trachteten da-

Fundstücke aus dem hallstattzeitlichen Schwertgrab von Frankfurt-Stadtwald mit etruskischer Zungenphiale aus Bronze, spätes 7. Jahrhundert v. Chr.

nach, durch den Besitz von solchen Prestigeobjekten südlicher Provenienz ihren Status gegenüber ihren eigenen Leuten zum Ausdruck zu bringen, weil nur sie es waren, die diese besondere Beziehung zu den als überlegen empfundenen mediterranen Kulturen unterhielten.

Diese Verbindungen mit den Etruskern in Ober- und Mittelitalien und mit den Griechen in Südfrankreich wurden um 600 v. Chr. so eng, dass sie nachhaltige Veränderungen im Lebensstil der Bevölkerung im Norden hervorriefen: Wurden die Gewänder zu Beginn der Hallstatt-Zeit im 8. und 7. Jahrhundert v. Chr. noch – ganz in bronzezeitlicher Tradition – mit Nadeln verschlossen, so treten ab 600 v. Chr. Gewandbroschen, so genannte Fibeln, italischen Geschmacks und aus italischer Produktion an ihre Stelle. Diese neue Mode wird bezeichnenderweise zunächst nur in Süddeutschland übernommen und verbreitet sich erst in der Folgezeit weiter nach Norden. Vereinzelt fanden sich in süddeutschen Grabhügeln auch Reste kostbarer Gewänder, die zum Teil mit roter Farbe, die aus Purpurschnecken des Mittelmeerraums gewonnen wurde, verziert und mit kunstvoll gewebten Borten gesäumt waren. Auch italische Schuhmode, wiederum fast wie heute, prägte bald den Geschmack der Hallstatt-Eliten, wie Schuhe mit spitz aufgebogenen Enden zeigen.

Der italische Einfluss blieb aber nicht nur auf die Mode begrenzt. Im späten 6. Jahrhundert v. Chr. stellte man in Südwestdeutschland erstmals Tongefäße auf der Drehscheibe her, obwohl der Einsatz dieser Technik eigentlich nur bei einer Massenproduktion wirklich Sinn gemacht hätte; solch einen Bedarf gab es jedoch gar nicht. Vielmehr ging es den Hallstatt-Fürsten wiederum nur darum, südliche Lebensart zu demonstrieren und in diesem Fall typisch etruskische Bucchero-Keramik zu imitieren; herauskam eine Keramik, die gleichsam nur ein billiges Imitat des wertvollen Originals war und die man dann als Tafelgeschirr benutzte. Solche Protzerei süddeutscher Großbauern hätte etruskischen Granden wohl allenfalls ein müdes Lächeln entlockt. Diese äußerliche Angleichung an die als überlegen empfundenen Zivilisationen des Südens konnte nur bei solchen Menschen Erstaunen und Bewunderung hervorrufen, die den Süden selbst nie gesehen hatten, was gewiss auf die Masse der Hallstatt-Bevölkerung zutraf. Andererseits muss es eine Anzahl von Leuten nördlich der Alpen gegeben haben, die persönlich mit dem Faszinosum südlicher Kultur und Lebensart vor Ort in Kontakt gekommen waren und aufgrund dieser Erfahrungen Kulturmerkmale des Südens zu einem gemeinsamen Distinktionskriterium erhoben haben. Doch bleibt es in der Erforschung der Prähistorie stets schwierig, wirkliche Bewegungen von Menschen – kleine Gruppen oder Individuen – konkret nachzuweisen. Jemand wie der viel ältere Ötzi bildet in diesem Zusammenhang die absolute Ausnahme.

Die Sucht nach südlicher Lebensart spiegelt auch die Einfuhr von Wein in Amphoren wider, der in der Regel aus der um 600 v. Chr. gegründeten griechischen Kolonie Massilia, dem heutigen Marseille, stammte und über das Rhône-Tal und Burgund in die südwestdeutschen Hallstatt-Zentren gelangte. Nun kam griechische Feinkeramik hinzu, insbesondere schwarzfigurige Trinkgefäße, die man anfangs ebenfalls über Massilia und später dann von den Etruskern über die Alpenpässe bezogen haben dürfte. Einlegearbeiten aus Elfenbein und Reste gedrechselter Beine von mediterranen Sitz- und Liegemöbeln aus reichen hallstattzeitlichen Gräbern gehörten in jener Zeit gleichfalls sicher nicht zur üblichen Ausstattung eines süddeutschen Haushaltes, sondern kennzeichneten wiederum die Lebensart der hallstättischen Führungseliten. Nur dieser herrschenden Klasse war es vorbehalten, zum Wein auch exotische Früchte wie Feigen zu verzehren – gewiss vor den staunenden Augen einer von Mangelernährung gezeichneten Bauernschaft.

Der Keltenfürst von Hochdorf

Auf die Spitze trieben die Hallstatt-Fürsten ihre Prunksucht bei der Anlage von Grabhügeln für die Angehörigen ihres Standes. Besonders offensichtlich wird das beim Fürstengrab von Hochdorf nahe Stuttgart. Der Verstorbene war mittleren Alters und wurde in einer Grabkammer, die von einer Steinpackung umbaut war, zur letzten Ruhe gebettet, ehe man darüber einen mächtigen Grabhügel aufschüttete. Die hölzerne Grabkammer war im Inneren mit Stoffen ausgekleidet und mit Blumen geschmückt. An den Wänden hingen neun mit Gold verzierte Trinkhörner sowie der Köcher des Toten. Der Verstorbene wurde in fein gewebter Kleidung auf ein von Polstern aus Dachshaaren und Gräsern bedecktes bronzenes Prunksofa gelegt. Auf dessen Rückenlehne sind Schwert-

Rekonstruktion der Grabkammer des späthallstattzeitlichen Fürstengrabes von Hochdorf, Baden-Württemberg, spätes 6. Jahrhundert v. Chr.

tänzer und Wagenfahrer dargestellt, während das ganze Sofa auf Frauenfigürchen steht, zwischen deren Füßen je ein Rad angebracht ist, so dass man die Ruhestatt insgesamt rollen konnte. Das Ensemble ist insgesamt in oberitalischem Stil gearbeitet.

Der Fürst von Hochdorf wollte sich zum Abschied noch einmal als Mann von Welt zeigen: Seine Schnabelschuhe folgten italischer Mode, doch sein konischer Hut aus Birkenrinde spiegelte hingegen lokalen Geschmack wider und wäre von jedem Kenner etruskischer Mode gewiss belächelt worden. Halsring, Dolch, Gürtelblech, sein gesamter Schmuck und die Schuhbeschläge waren aus Goldblech gearbeitet und kennzeichnen den hohen gesellschaftlichen Rang des Toten. Zu seinen Füßen stand ein aus Unteritalien importierter Bronzekessel, der mit 400 Litern Honigmet gefüllt war. Den Met schöpfte man mit Hilfe einer goldenen Schale aus dem Kessel. Daneben lagen das Schirrungszeug für zwei Pferde sowie ein vierrädriger Prunkwagen, auf dem Schlachtgeräte und Bronzegefäße für einen insgesamt neun Personen umfassenden Leichenschmaus standen.

Die Ausstattung zeugt von einer Heroisierung des Verstorbenen und von einem Glauben an ein Leben nach dem Tod. Am Rand des Grabschachtes hatten seine Hinterbliebenen ein Podium errichtet, das bei den Totenfeiern eine Rolle gespielt haben dürfte. Vielleicht gedachte man an dieser Stelle noch einmal des nun aufgebahrten und einbalsamierten Toten, beging Ess- und Trinkgelage, veranstaltete Wettkämpfe und was sonst noch dazu gehörte – kurzum, man zelebrierte ein Bestattungsritual, wie es ganz ähnlich von Griechen und Etruskern überliefert ist.

Die Heuneburg

Das monumentalste Zeichen für die so betont enge Verbindung mit dem Mittelmeerraum ist die Lehmziegelmauer der Heuneburg an der oberen Donau – eine der berühmtesten Hallstatt-Burgen in Südwestdeutschland. Diese Mauer bestand aus einem Sockel aus sauber gefügten Kalksteinen, auf denen dann das eigentliche Mauerwerk aus getrockneten Lehmziegeln im Standardmaß errichtet worden war. Diese Bauweise ist typisch für das trockene Südeuropa; für den regenreichen Norden hingegen wäre sie weit weniger geeignet gewesen, weil die ungebrannten Ziegel bald durchweicht gewesen und damit ihrer tragenden Funktion nicht mehr gerecht geworden wären. Da selbst die Mauerbreiten und Lehmziegelabmessungen mediterranen Vorbildern entsprechen, muss diese Lehmziegelmauer der Heuneburg entweder von einem Architekten aus dem Süden oder von einem im Süden ausgebildeten Hallstatt-Baumeister errichtet worden sein. Auf südliche Vorbilder verweisen auch die zahlreichen vorspringenden Rechtecktürme an der Nordfront der Mauer, die in der einheimischen Befestigungsarchitektur unbekannt waren.

Diese Mauer umschloss eine etwa drei Hektar große Oberburg mit einer in Reihen angeordneten Bebauung, die auch Werkstattviertel umfasste, in denen Metallverarbeitung stattfand. Im Umfeld dieser Oberburg erstreckte sich eine gigantische Außensiedlung. Um die Mitte des 6. Jahrhunderts. v. Chr. wurde die Heuneburg zerstört und die Lehmziegelmauer niedergebrannt. Anschließend wurde der Ort wieder aufgebaut, allerdings kehrte man bei der Innenbebauung zu der über Jahrhunderte tradierten und von bäuerlichem Leben geprägten Gehöftanordnung zurück. Es war also nur eine kurze Episode, die italische Mode, italische Ess- und Trinksitten sowie italische Bau- und Lebens-

formen an die Quellen der Donau brachte. Vielleicht waren es innere Spannungen und Unruhen, die einst dem südlichen Lebensstil der Hallstatt-Herrscher ein gewaltsames Ende bereiteten. Es könnte freilich auch sein, dass die Gemeinschaft schlichtweg nicht mehr in der Lage war, den kostspieligen Lebensstil ihrer Führungsschicht zu finanzieren. Die Heuneburg bestand nach diesem kulturellen Bruch noch einige Jahrzehnte weiter, jedoch in deutlich kleineren Dimensionen – bescheidener, traditioneller und bäuerlicher, ehe sie schließlich wie auch alle anderen Burgen der Hallstatt-Zeit aufgegeben wurde und die Hallstatt-Kultur ihrem Ende entgegenging.

Die späthallstattzeitliche Heuneburg mit Lehmziegelmauer und Turmvorsprüngen sowie Vorburg und weitläufiger Außensiedlung während des frühen 6. Jahrhunderts v. Chr.

9

Migrantentum und wirtschaftlicher Aufstieg – die Kelten in Europa

Die Latène-Kultur

Die in Mitteleuropa vom 5. bis zum 1. Jahrhundert v. Chr. verbreitete Latène-Kultur löste die Hallstatt-Kultur ab. Es ist dies die Zeit der Kelten. Die Kelten sind das erste Volk nördlich der Alpen, dessen Name überliefert ist. Die griechischen Geschichtsschreiber Hekataios und Herodot berichten bereits im späten 6. Jahrhundert bzw. im 5. Jahrhundert v. Chr., dass jenseits der Alpen Kelten siedelten und dass in ihrem Gebiet unweit der Stadt Pyrene der Fluss Istros, also die Donau, entspringt. Das lässt den Schluss zu, dass mit dem antiken Namen Pyrene vielleicht die Heuneburg an der oberen Donau gemeint gewesen sein kann, doch sicher ist das nicht. Soweit diese Hinweise sich auf das späte 6. Jahrhundert v. Chr. beziehen, als in Süddeutschland noch die Hallstatt-Kultur bestand, bringt man auch sie bereits mit den Kelten in Verbindung, was allerdings nicht unumstritten ist.

Die Stele des so genannten keltischen Fürsten vom Glauberg, Hessen, war ursprünglich auf der Spitze eines Grabhügels aufgestellt.

Die Latène-Kultur ist nach dem Fundort La Tène am Neuenburger See in der Schweiz benannt, an dem um die Mitte des 19. Jahrhunderts Eisenobjekte entdeckt wurden. Bis heute ist unklar, ob sie aus einer Siedlung oder – was wahrscheinlicher ist – von einem Opferplatz im See

Kern- und Ausbreitungsgebiete der Latène-Kultur sowie keltische Wanderzüge.

stammen. Man hielt sie schon damals für jünger als die Funde aus dem Gräberfeld von Hallstatt, weil man Waffen und Geräte aus dem im Jahre 52 v. Chr. von Caesar eroberten gallischen Oppidum von Alesia kannte, die mit den Erzeugnissen von La Tène vergleichbar waren. Damit war auch die Gleichsetzung von La Tène und den Galliern bzw. Kelten gegeben. Beide Fundorte, Hallstatt und La Tène, gaben im Weiteren der älteren und der jüngeren Eisenzeit ihren Namen.

Besonders charakteristisch für die keltische Latène-Kultur ist ihr künstlerischer Stil, der nicht nur Dekoration, sondern auch Träger eines gewissen Sinngehaltes war, vergleichbar etwa dem Kreuz und anderen christlichen Symbolen in Mittelalter und Neuzeit. Herrschten in der Hallstatt-Zeit noch geometrische Muster vor, so rückten in der Latène-Kunst pflanzliche Motive und Menschendarstellungen in den Mittelpunkt. Man übernahm diese figuralen und vegetabilen Elemente von importierten Erzeugnissen etruskischer und griechischer Kunsthandwerker und verarbeitete diese in einer eigenständigen keltischen Kunst. Die von Griechen und Etruskern natürlich gestalteten Sphingen und Menschengesichter übersteigerten die Kelten jedoch zu Monstren, Fratzen und Dämonen. Hier kommt die ganze Phantasie zum Ausdruck, welche die Vorstellungswelt der frühen Kelten bestimmte, die sich uns jedoch deshalb auch in ihrer wahren Bedeutung nicht weiter erschließt.

Das Fürstengrab vom Glauberg

Der Übergang der frühen Latène-Kultur zeigt – trotz gewisser Veränderungen – viele Kontinuitäten im Verhältnis zur späten Hallstatt-Zeit. Man bestattete seine Toten auch weiterhin in Grabhügeln, vielfach sogar in solchen, die noch während der Hallstatt-Zeit errichtet worden waren. Das Zentrum der Frühlatène-Kultur hatte sich gegenüber hallstattzeitlichen Fürstensitzen jedoch weiter rheinabwärts in das Mittelrhein- und Moselgebiet mit seinen reichen Eisenerzvorkommen verlagert. Deren Ausbeutung führte in diesen Regionen zu Wohlstand und Reichtum, dort liegt auch der Großteil der Fürstengräber der Frühlatène-Zeit. Charakteristisch dafür sind – ähnlich wie in der Späthallstatt-Zeit – reicher Goldschmuck und aus dem Süden importiertes Trinkgeschirr wie etruskische Eimer oder Schnabelkannen sowie griechisch-rotfigurige Trinkschalen. Starb ein Mann aus einer höheren Gesellschaftsschicht, so wurde ihm als Krieger Schwert und Lanze, Helm und Schild sowie erstmals auch ein leichter, zweirädriger Streitwagen mit ins Grab gegeben.

Als bekanntestes Fürstengrab der Frühlatène-Zeit gilt das erst vor einigen Jahren entdeckte Grab des so genannten Keltenfürsten vom Glauberg aus der zweiten Hälfte des 5. Jahrhunderts v. Chr. Der Durchmesser des von einem Graben umgebenen Hügels erreichte 68 Meter. Im Zentrum befand sich die Grabkammer mit den Überresten einer Totenfeier. Auf einer 350 Meter langen Prozessionsstraße hatte man den verstorbenen Keltenfürsten offenbar zu seiner letzten Ruhestätte gebracht. Der Tote wurde in der Kammer auf eine Lederdecke gebettet. Er trug Halsring, Armring, Fingerring sowie zwei Ohrringe, alle aus massivem Gold. Das Gewand des Toten wurde von einem bronzenen Gürtelhaken zusammengehalten, die Fibeln mit Tier- und Dämonenköpfen verziert. Seine beeindruckende Waffenausstattung bestand aus einem Köcher mit Pfeilen, sechs Speeren, drei Lanzen, einem Schwert in reich verzierter Bronzescheide und einem Schild.

Das Glanzstück des Grabes stand mit dem obligatorischen Trinkgelage in Zusammenhang: eine bronzene Schnabelkanne etruskischer Provenienz. Man hatte sie mit Honigmet gefüllt, im Grab in ein Leintuch gehüllt und mit farbigen Bändern verschnürt. Den Rand der Kanne zieren kleine Figürchen, gleichsam Applikationen keltischen Kunsthandwerks: eine männliche Gestalt im Schneidersitz, die mit einem südlich anmutenden Panzer bekleidet war, gerahmt von Fabeltieren und Dämonen.

Die eigentliche Sensation der Ausgrabung war jedoch eine große, aus Sandstein gearbeitete Kriegerfigur, die man ursprünglich offenbar auf der Spitze des Grabhügels aufgestellt hatte. Die Parallelen zwischen dieser Figur und dem Verstorbenen bzw. seiner Ausstattung sind frappierend. So trägt die Figur einen Panzer, der jenem der Kriegerfigürchen auf dem Rand der Schnabelkanne entspricht. Ferner sind auf der Sandsteinfigur ein Halsring mit drei Knospen, ein Armring, ein Fingerring, ein Schwert und ein Schild dargestellt, die sich auch im Grab fanden.

Prunkobjekte aus dem Grab des frühkeltischen Fürsten vom Glauberg, Hessen.

Die Übereinstimmungen sind so weitreichend, dass man mit Recht darauf schließen mag, dass mit dieser Sandsteinstele der Verstorbene selbst dargestellt werden sollte. Handelte es sich dabei um ein Heroen-, Priester- oder Götterbildnis? Zudem trug die Figur eine blattförmige Krone, die zwei riesigen, Micky-Maus-artigen Ohren ähnelt, die zu beiden Seiten des Kopfes nach oben ragen. Diese fischblasenartigen Ornamente sind charakteristisch für den rätselhaft anmutenden Zierstil der Frühlatène-Zeit.

Die Welt der Kelten in Aufruhr

Um 400 v. Chr. kam es in ganz Süddeutschland zu einem fundamentalen Einschnitt, in dessen Folge im Verlauf des 4. Jahrhunderts v. Chr. eine regelrechte Völkerwanderung einsetzte, die große Teile Mittel-, Ost- und Südosteuropas für längere Zeit in Aufruhr versetzte. Mit diesem Umbruch endet auch die Frühlatène-Zeit. Von diesem Zeitpunkt an wurden keine Grabhügel mehr errichtet, und man bestattete die Verstorbenen fortan ausschließlich in Flachgräberfeldern. Dort legte man die Toten mit ihrer Waffen- und Trachtausstattung in einfache Gruben, so dass die Friedhöfe ganze Dorfgemeinschaften widerspiegeln. Die wenigen Höhenburgen, die in der Frühlatène-Zeit noch besiedelt waren, wurden im 4. Jahrhundert v. Chr. ebenfalls aufgegeben. Viele von ihnen gingen in Brandkatastrophen unter, gelegentlich finden sich dort Notbestattungen. Manche Ausgräber berichten auch von Hinweisen auf Kannibalismus. Die Welt war demnach aus den Fugen geraten.

Diese umwälzenden Veränderungen fallen zeitlich mit der schlagartigen Ausbreitung der Latène-Kultur ins östliche Mitteleuropa, nach Oberitalien und auf den Balkan zusammen, wo seit dem späten 4. Jahrhundert v. Chr. keltische Gräberfelder und Siedlungen nachweisbar sind. Es liegt deshalb nahe, in diesen Phänomenen den archäologischen Niederschlag der historisch belegten Keltenwanderung zu sehen. Die Gründe, die zu diesem Aufbruch geführt hatten, kennen wir nicht. Missernten und Überbevölkerung mögen ebenso eine Rolle gespielt haben wie innere Revolten und kriegerische Auseinandersetzung zwischen unterschiedlichen keltischen Gruppen. Genau werden wir es wohl nie wissen. Dass die Züge der Kelten jedoch Italien und Griechenland zum Ziel hatten, verwundert nicht, galten diese fortschrittlichen mediterranen Gebiete doch spätestens seit der Hallstatt-Zeit gleichsam als das ‹gelobte Land›.

Dass die Kelten auf ihren Zügen in den Süden vielfach schwere Verwüstungen anrichteten – so etwa als sie das bedeutendste Orakelheiligtum der alten Welt, Delphi, plünderten –, hat ihnen gewissermaßen eine schlechte Presse in den antiken Quellen eingebracht. Und da sie selbst keine Schriftzeugnisse hervorgebracht haben, ist unser Bild von ihnen fremdbestimmt durch die Geschichtsschreibung ihrer Feinde. Dies gilt es stets bei der Auswertung der Überlieferung zu bedenken. Da archäologische Quellen nicht von vornherein tendenziös sind, kann uns die Archäologie in dieser Hinsicht zu größerer Objektivität verhelfen.

In den römischen Quellen gilt als besonders gravierender kriegerischer Akt der Kelten die Einnahme Roms im Jahre 387 v. Chr. Damals belagerten Kelten sogar das Herz der Stadt, das Kapitol, das – der Überlieferung zufolge – nur das Schnattern der wachsamen Gänse vor der Erstürmung gerettet werden konnte. Zur selben Zeit setzte die keltische Besiedlung Oberitaliens ein. Kurz darauf kämpften keltische Söldner in Sizilien an der Seite des Tyrannen Dionysios I. von Syrakus. 335 v. Chr. sprachen Kelten bei Alexander dem Großen vor und plünderten danach – wie schon erwähnt – Delphi. Anfang des 2. Jahrhunderts v. Chr. setzten sie nach Kleinasien über, wo sie sich unter der Bezeichnung Galater bis in römische Zeit hielten.

Nicht alle Kelten kamen bis Oberitalien, auf den Balkan oder gar bis nach Kleinasien. Etliche ließen sich unterwegs in zu Besiedlung geeigneten Gegenden nieder; andere kehrten schon bald wieder aus der Ferne zurück. Waren die Plünderung von Delphi oder der Angriff auf das Kapitol in Rom sicher Resultate kurzfristiger kriegerischer Beutezüge, so muss man sich die Wanderung der Kelten insgesamt doch anders vorstellen. Am ehesten lässt sie sich vergleichen mit der Inbesitznahme

Nordamerikas durch europäische Siedler: Man führte seine Haustiere, seinen gesamten Hausrat und auch Vorräte auf gedeckten Wagen mit, weil man von Anfang an das Ziel verfolgte, sich fernab der Heimat dauerhaft niederzulassen. Dass es dabei immer wieder auch zu kriegerischen Auseinandersetzungen mit in der Fremde ansässigen Bevölkerungsgruppen gekommen sein muss, denen man ihr Siedlungsgebiet streitig machte, liegt auf der Hand; auch das hat die Keltenwanderung mit der europäischen Besiedlung Nordamerikas gemein.

Ein Bild, das mehr über die Männerphantasien des 19. Jahrhunderts aussagt als über die geschichtlichen Ereignisse um 390 v. Chr.: Brennus und sein Beuteanteil. So stellte sich der Maler Paul Joseph Jamin vor, was Rom einst erlebt haben mochte, als die Kelten Rom erobert hatten und das Kapitol belagerten.

Oppida – keltische Großsiedlungen entstehen

Nach den Wirren der Wanderungszeit konsolidierte sich das keltische Leben in den neuen Siedlungsgebieten. Besonders im 2. und 1. Jahrhundert v. Chr. entstanden an verkehrsstrategisch wichtigen Kreuzungspunkten bedeutende protourbane Großsiedlungen, die Caesar «Oppida» nannte. Es gab aber auch regelrechte Industriesiedlungen, deren Bewohner auf Eisenverarbeitung spezialisiert waren, wie beispielsweise in Berching-Pollanten in Südbayern. Während der Latène-Zeit hatte innerhalb weniger Generationen das Eisen als dominierender Werkstoff in nahezu allen Bereichen die Bronze abgelöst. Entsprechend groß war der Bedarf an diesem neuen Metall. Gewinnung und Verarbeitung von Raseneisenerz spielten dabei in weiten Teilen Mitteleuropas eine entscheidende Rolle. Raseneisenerz entstand mit der Klimaerwärmung nach der letzten Eiszeit, als sich Eisen in Mineralböden und Mooren unmittelbar unter der Oberfläche durch bodenchemische Prozesse absetzte. Diese Eisenschichten konnten bis zu einem Meter Mächtigkeit erreichen. Ihr unschlagbarer Vorteil war ihre leichte Zugänglichkeit, weshalb Raseneisenerz in Schleswig-Holstein noch bis in die 1960er Jahre genutzt und jährlich im Umfang von einer Million Tonnen gefördert wurde.

Die Verarbeitung von Raseneisenerz zu schmiedefähigem Eisen verlief in mehreren Schritten: Zunächst wurde das hochwertige Erz aus dem Boden gebrochen, anschließend zur Verringerung des Wassergehalts im offenen Feuer erhitzt und danach zerkleinert. Anschließend hatte man das so vorbereitete und zerkleinerte Eisenerz in einfachen, kaminartigen Schmelzöfen aus Lehm verhüttet. Diese beschickte man von oben mit dem zerkleinerten Erz und der Holzkohle. Unten befand sich die Brennkammer, in der mit Hilfe eines Blasebalgs die Temperatur erhöht werden konnte. Am Ende des Verhüttungsvorgangs setzte sich die Schlacke nach unten ab. Die ausgeschmolzene Eisenluppe war danach in der Regel immer noch mit Schlackenresten und Holzkohle durchsetzt und musste deshalb weiterbearbeitet werden. Dazu erhitzte man die Luppe erneut im Feuer und versuchte anschließend, die Schlacke so weit auszuhämmern, dass man möglichst reines Eisen erhielt. Diese Art der Eisengewinnung aus Raseneisenerz dürfte sich von der Latène-Zeit bis in das frühe 20. Jahrhundert nur unwesentlich verändert haben, lediglich die Menge des so erzeugten Eisens nahm später erheblich zu. Während der jüngeren Latène-Zeit blühte der Eisenhandel, der quer durch Europa führte, auf, und das Eisen wurde in Form von Schwertbarren oder Doppelspitzbarren verhandelt, die nahezu überall in Europa archäologisch nachweisbar sind.

Raseneisenerz stand auch in den Mooren der Umgebung von Manching an. Zudem bot dieses an einem Altarm der Donau gelegene Oppidum einen ausgesprochen günstigen Hafenplatz. Die Voraussetzungen waren also vielversprechend, und so überrascht es nicht, dass Manching zu einem der bedeutendsten Oppida der Kelten in Süddeutschland wurde. Solche Oppida aus dem 2. und 1. Jahrhundert v. Chr. finden sich in weiten Teilen Europas von Frankreich bis Westungarn, weshalb man für die Zeit vor der römischen Okkupation unter Caesar von der so genannten Oppida-Zivilisation spricht. Die Oppida waren Stammesmittelpunkte und darüber hinaus auch Wirtschafts- und Kultzentren. Dies gilt für Manching ebenso wie für viele andere Orte, insbesondere für jene Oppida, über die Cäsar bei der römischen Eroberung Galliens berichtet, wie etwa Alesia und Bibracte.

Oppida waren in der Regel mit Holz-Erde-Mauern befestigt, die Caesar als gallische Mauer, als *murus gallicus*, bezeichnete. Sie bestanden aus übereinander errichteten Holzrahmen, die mit Stein und Erde verfüllt waren, die Frontseite der Mauer wurde zudem mit Steinen verblendet. Der Holzbedarf für die Befestigung von Oppida mit einem solchen *murus gallicus* von fünf bis zehn Kilometer Länge war enorm. Gerade die drei wichtigsten süddeutschen Oppida – Manching, Kelheim und Heidengraben – nahmen gigantische Ausmaße an, nämlich 380, 600 und 1160 Hektar. Sie umfassten damit ein Vielfaches der Flächen späterer mittelalterlicher Städte. Verstehen kann man solche Ballungszentren nur, wenn man sich klarmacht, dass offenbar die gesamte Bevölkerung eines größeren Gebietes in solchen Oppida zusammengezogen wurde. Solange solche Oppida bestanden, gab es in ihrem Umland nämlich so gut wie keine weiteren Siedlungen. Wir wissen nicht, ob dies eine Reaktion auf unruhige Zeiten und akute Gefahren war, ob auch die Landbevölkerung in den Genuss der Vorzüge solcher Ballungszentren kommen wollte oder ob es allein der Wille zur Machtdarstellung und zur Nachahmung hellenistischer Großstädte war.

Im Zentrum der Oppida standen öffentliche Gebäude wie etwa Tempel; auch konnten von Läden begleitete Straßenzüge und öffentliche Plätze nachgewiesen werden. Der Großteil der Bebauung bestand jedoch aus Gehöften, und es fanden sich auch immer wieder Ackerfluren inner-

Das keltische Oppidum von Manching, Bayern.

140/130 v. Chr.

Um 140/130 v. Chr. erreichte die Siedlung mit 380 Hektar ihre größte Ausdehnung, um 130 v. Chr. baute man eine über 7 km lange Stadtmauer.

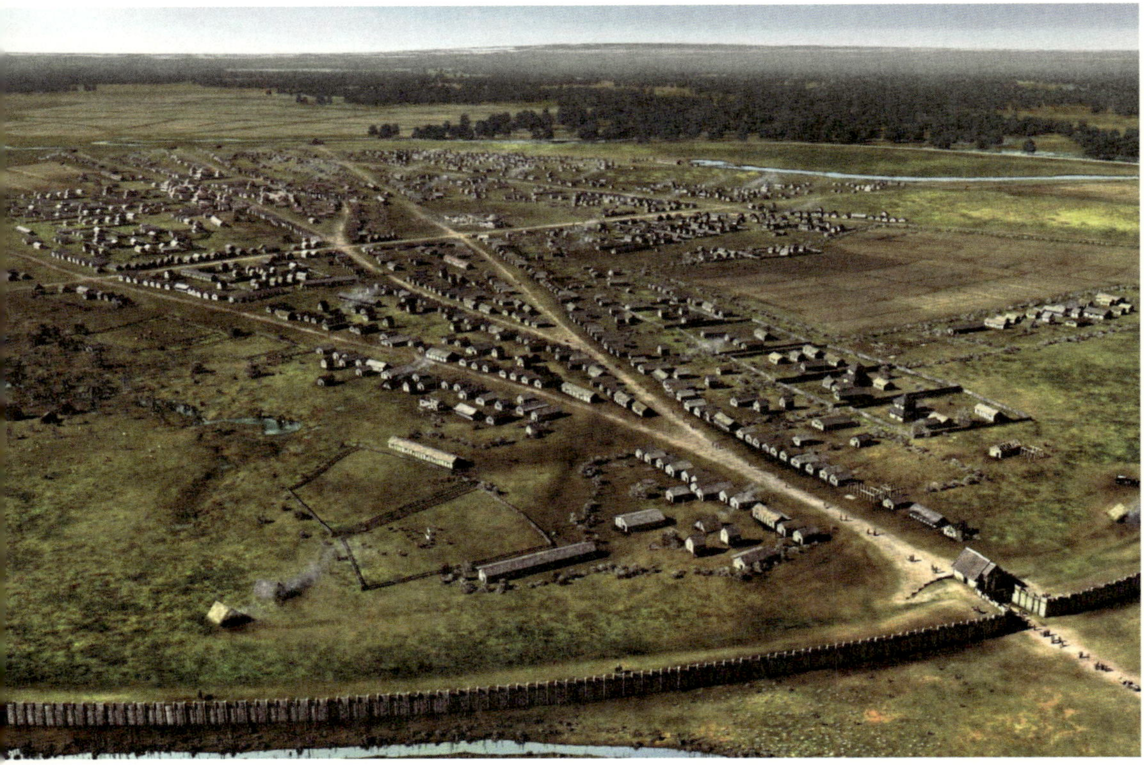

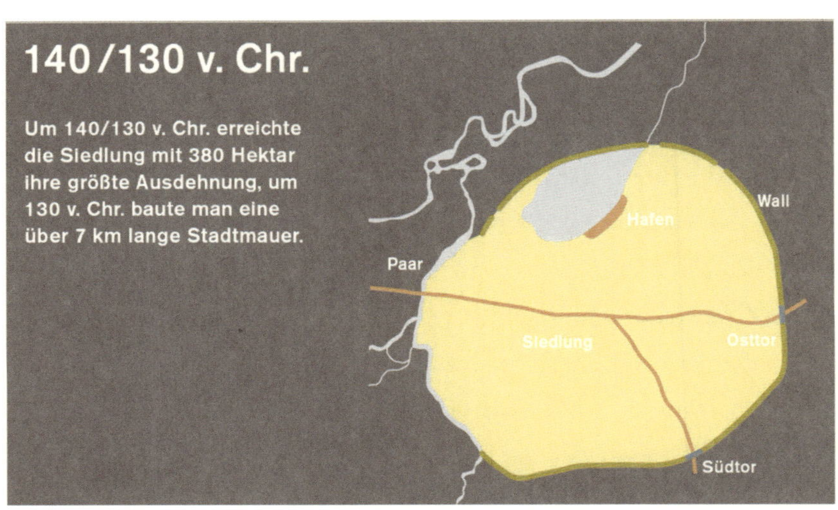

halb der Ummauerung. Insofern dürfen wir uns die Oppida nicht als wirkliche Städte vorstellen. Ihr Gepräge war weiterhin sehr bäuerlich, so sehr man auch bemüht war, sich vielleicht den Anschein hellenistischer Städte des Südens zu verleihen; es war mehr Schein als Sein.

Der Ackerbau wurde zu jener Zeit revolutioniert: Man erfand die eiserne Pflugschar und die eiserne Sense, welche die Aussaat und das bodennahe Abmähen des Getreides erheblich erleichterten. Das beim Einsatz der Sense anfallende Stroh ließ sich dann für die Winterfütterung der in Ställen gehaltenen Haustiere verwenden. Die Einführung der Drehmühle gestattete die Verarbeitung größerer Mengen an Getreide. All dies waren wichtige Voraussetzungen, um die in den Oppida zusammengezogenen Bevölkerungsmassen überhaupt ernähren zu können.

Fast schon eine Hochkultur

Die Kelten brachten ferner das älteste Münzgeld Mitteleuropas hervor. Im 3. Jahrhundert v. Chr. gelangten erstmals hellenistische Münzen in diesen Raum, die keltische Söldner aus dem Süden mitgebracht hatten. Dazu gehörten Goldmünzen mit dem Bildnis Philipps II. von Makedonien auf der Vorderseite und einem Streitwagengespann auf der Rückseite. Solche Münzen wurden von den Kelten bald nachgeahmt, auch übernahm man deren Gewichtseinheiten und Münzgrößen. Die Münzbilder selbst hatte man vereinfacht, und statt dem Kopf Philipps tauchten bald nur mehr Haarbüschel oder Haarwirbel auf. Weit verbreitet waren auch die typischen spätkeltischen Goldmünzen, die als Regenbogen-Schüsselchen bezeichnet werden. Sobald die Kelten aber selbst Münzen aus Gold, Silber oder Bronze herstellten, begann auch die Falschmünzerei; insofern ist der Mensch sich zu allen Zeiten gleich geblieben. Für

Zwei Goldstatere aus einer der ersten Prägestätten der Parisii in Gallien (Ende des 2. Jahrhunderts v. Chr.); diese keltischen Münzen lassen hellenistischem Einfluss auf die frühe Münzprägung in Mitteleuropa erkennen.

solche Fälschungen ummantelte man einen Bronzekern mit Silber oder Gold, prägte ihn ganz wie üblich und gaukelte dem Geschäftspartner auf diese Weise vor, dass das Stück komplett aus Edelmetall bestünde.

Luxusgüter weisen auf intensive Kontakte der damaligen Kelten mit dem Süden hin. Dazu gehören Wein, der in Unmengen nach Norden verhandelt worden sein muss, wie zahllose Amphoren in keltischen Ausgrabungsstätten zeigen. Auch Fischsoßen (Garum), eine Spezialität der mediterranen Welt, waren im Norden heiß begehrt. Nicht erst seit Pizza und Pasta wird der Norden also vom Süden kulinarisch beeinflusst. Hinzu kam Trinkgeschirr aus Glanztonkeramik und farbigem Glas sowie importiertes Bronzegeschirr (Siebe, Eimer, Kannen und Pfannen) aus dem hellenistisch-römischen Bereich, die mit dem Weingenuss in Zusammenhang standen.

Auch in ritueller Hinsicht ging die Zivilisation der spätkeltischen Zeit ihren eigenen Weg: Während des 2. und 1. Jahrhunderts v. Chr. entstanden in weiten Teilen Süddeutschlands so genannte Viereckschanzen, die sich noch heute deutlich im Gelände abzeichnen und im Volksmund fälschlicherweise gern als ‹Römerschanzen› bezeichnet werden. In manchen von ihnen stieß man auf tiefe Opferschächte und quadratische Kultbauten, aus denen später die gallo-römischen Umgangstempel hervorgingen – eindrucksvolle Zeugnisse des Fortlebens keltischer Religion in römischer Zeit. Andere Viereckschanzen wiesen dagegen eine Bebauung mit Gehöften auf und sind deshalb eher als leicht befestigte Landsitze zu interpretieren. Sicher ist damit nur, dass sich die spätkeltischen Viereckschanzen nicht nur in einer Hinsicht interpretieren lassen, sondern vielmehr ganz unterschiedliche Funktionen in Betracht zu ziehen sind.

Das Ende der antiken Kelten

Im Verlauf des 1. Jahrhunderts v. Chr. wurde das Leben in Süddeutschland unsicherer, und die Welt der Oppida war im Niedergang begriffen. Bereits seit etwa 80 v. Chr. gelangte kaum noch mediterraner Wein nach Norden. Im Oppidum Manching wurde in den letzten Jahrzehnten seines Bestehens immer mehr Alteisen wieder verwertet; Recycling und Wertstoffhöfe ersetzten also eine noch kurz zuvor blühende Eisenindustrie, Raubzüge germanischer Horden, wie die der Kimbern und Teutonen, machten den keltischen Verbänden das Leben schwer. Es scheint, als wäre die spätkeltische Oppida-Zivilisation nach der Mitte des 1. Jahrhunderts v. Chr. in gewisser Weise eingekreist gewesen: In Gallien waren die Römer bis an den Rhein vorgerückt, von Norden drängten die Germanen nach Süden und hielten bereits große Teile Frankens besetzt. Gleichzeitig hatten die Oppida ihre Märkte verloren, weil ihre Handelskontakte mit dem Süden zusammenbrachen; damit aber verlor auch die Münzprägung ihren Sinn. All dies ging mit einem merklichen Schwund der Bevölkerung einher.

In dieser Situation verließen die keltischen Bojer ihre Gebiete und machten sich auf den Weg ins Königreich Noricum. Am Westalpenrand taten es ihnen die Helvetier gleich und brachen nach Gallien auf, wo sie von Caesar besiegt wurden. Der Niedergang der Oppida-Zivilisation ging also einher mit einem massiven Umbruch der ethnischen und machtpolitischen Verhältnisse in Mitteleuropa. Als die Römer im Jahre 15 v. Chr. schließlich nach Süddeutschland vorrückten und die Gebiete bis zur Donau in Besitz nahmen, war die Welt der Oppida schon längst untergegangen. In Manching dürfte sie eine Geisterstadt erwartet haben.

10

Zwischen Vernichtung und Akkulturation – Römer und Germanen

Römische Expansion in Germanien

Mit der Eroberung Galliens durch Caesar zwischen 58 und 52 v. Chr. und den Germanenkriegen des Augustus von 12 v. Chr. bis 9 n. Chr. brach für West- und Süddeutschland ein neues Zeitalter an. Fortan berichten antike Schriftsteller sowohl über wichtige militärische und politische Ereignisse im Verhältnis zwischen Rom und dem Raum nördlich der Alpen als auch über das alltägliche Leben im freien Germanien. Als Quellen über die Germanen sind besonders die Werke Caesars (100–44 v. Chr.) und Tacitus (etwa 58–120 n. Chr.) – nicht zuletzt dessen Schrift *Germania* – hervorzuheben. Erstmals können auf dieser Grundlage archäologische Grabungsergebnisse mit Angaben antiker Autoren verglichen werden.

Mit der Eroberung Galliens und der Okkupation des süddeutschen Voralpenlandes bis 15 v. Chr. schob sich die Grenze des Römischen Reichs bis an Rhein und Donau vor. Zur Sicherung errichteten die Römer beispielsweise in Mainz und Xanten erste in Holz ausgeführte und ständig besetzte Militärlager. Diese Lager bildeten die Ausgangspunkte für römische Kriegszüge in das Innere Germaniens in augusteischer Zeit. Im

Diese Gesichtsmaske (Eisen, Silber und Bronze) eines römischen Militärs stammt aus den Ausgrabungen bei Kalkriese, wo der Austragungsort der Varusschlacht (9 n. Chr.) vermutet wird.

Zuge solcher Aktionen errichteten die Römer weitere Truppenstandorte entlang der Flüsse Lippe, Lahn und Main. Am Ende eines jeden Tagesmarsches mussten die Soldaten zu ihrem eigenen Schutz ein so genanntes Marschlager erreichen können, das für einen kurzzeitigen Aufenthalt geeignet und in der Regel von einem Spitzgraben und einer sich dahinter erhebenden Palisade gesichert war. Die Standlager waren stattdessen für längere Zeit angelegt und besaßen zwei Spitzgräben und eine Holzumwehrung, die später auch in Stein ausgeführt wurde. Die Unterkünfte für Soldaten und Offiziere sowie die Zentralgebäude *Principia* und *Prätorium* waren aus Stein oder wurden in einer gemischten Stein-Holz-Bauweise errichtet. Alle Militärlager glichen sich durch ihre normierte Innengliederung und Gebäudeanordnung.

Das römische Heer bildete die Grundlage der Eroberung und der Sicherung der Provinzen. Das Militär gliederte sich dabei in verschiedene Dienstgrade und Abteilungen. Soldaten der Legionen besaßen das volle römische Bürgerrecht. Doch stieg wegen der zahlreichen Eroberungszüge der Römer zur Erweiterung und Sicherung ihres Reichs ständig der Bedarf an Soldaten; daher rekrutierte man auch fortgesetzt so genannte Hilfstruppen in den Provinzen. Ähnlich wie heutige Berufsarmeen lockte man die jungen Männer mit vielversprechenden Perspektiven. Die größte Attraktion bestand darin, ihnen nach Ablauf ihrer aktiven Dienstzeit von 25 Jahren Land – zumeist in den neu eroberten Gebieten – zuzuweisen sowie das römische Bürgerrecht zu verleihen. Diese Verleihung bezeugen so genannte Militärdiplome aus Bronze, die bei archäologischen Ausgrabungen immer wieder entdeckt werden.

Ein Traum wird zum Alptraum – die Varuskatastrophe

Stadtgründungen oder Militärlager der Römer bilden die Grundlage vieler heutiger Städte in West- und Süddeutschland. Zivile Gründungen gab es aber auch jenseits des Limes, wie etwa im hessischen Waldgirmes. Dieser Ort besaß ein Forum, wie es für römische Städte typisch war. Die archäologischen Untersuchungen haben dort einen hohen Anteil germanischer Keramik, aber auch zahlreiche südliche Luxusgegenstände zu Tage gefördert. Waldgirmes wirft also ein ganz neues Licht auf das Zusammenleben römischer Siedler jenseits der Limes-Grenze und der dort ansässigen germanischen Bevölkerung, die zum Teil offenbar auch römische Lebensweise übernommen hatte. Den römischen Herrschaftsanspruch auch in diesem Gebiet brachte sinnfällig eine lebensgroße vergoldete Reiterstatue des Kaisers Augustus zum Ausdruck, die man in Waldgirmes aufgestellt hatte. Die Römer waren sich wohl sehr sicher, auch dieses Territorium zur Provinz machen zu können. Das überrascht nicht, denn um die Zeitenwende schienen die Versuche Roms, auch in germanischen Gebieten rechts des Rheins Fuß zu fassen, durchaus von Erfolg gekrönt. Dieser römische Traum verwandelte sich aber jäh mit dem Jahre 9 n. Chr. in einen Alptraum: Die Cherusker, ein germanischer Stamm, lockten unter der Führung des Arminius – der selbst ein römischer Hilfstruppenoffizier war – die Legionen des römischen Heerführers Varus im Teutoburger Wald in einen Hinterhalt und schlugen sie vernichtend. Drei Legionen mitsamt Reiterschwadronen und sechs Kohorten Hilfstruppen wurden vollständig aufgerieben. Über 18 000 Menschen werden damals – Legionäre und Tross zusammengenommen – zu Tode gekommen sein. Der Schock bei den erfolgsgewohnten Römern saß tief, und Kaiser Augustus war verzweifelt.

Römer und Germanen

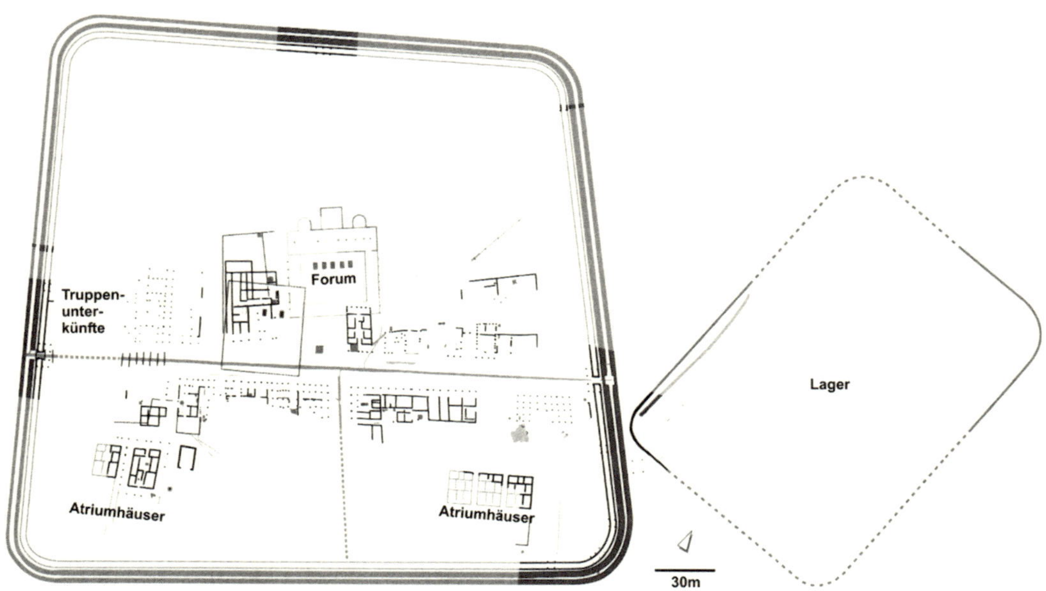

Beispiel für eine römische Stadtgründung außerhalb der römischen Reichsgrenzen: Lahnau-Waldgirmes in Hessen. Dort hätte ein zivil geprägter römischer Vorort im Innern Germaniens entstehen können, wenn nicht die Ereignisse seit 9 n. Chr. die Planungen über den Haufen geworfen hätten.

Nachdem Hollywood bereits den Fall Trojas mit Brad Pitt als Achilles verfilmt hat, böte sich mit der Schlacht im Teutoburger Wald ein weiterer Stoff für großes Kino mit dramatischen Effekten an. Schickten doch beispielsweise die germanischen Sieger den abgeschnittenen Kopf des Varus nach Rom. Aber zu nutzen verstanden die zerstrittenen Germanen ihren Sieg nicht. Ihr Anführer im Teutoburger Wald, Arminius, raubte Thusnelda, die Tochter eines germanischen Rivalen namens Segestes. Jahre nach seinem größten Triumph und nach vielfältigen innergermanischen Konflikten wurde er von den eigenen Verwandten hinterlistig ermordet. Mit dem Tod des Arminius verschwanden auch die Cherusker aus der historischen Überlieferung. Später geriet seine Geschichte in Vergessenheit, ehe die *Annalen* des Tacitus im Jahre 1507 wiederentdeckt und von Humanisten ins Deutsche übersetzt wurden. Aus Arminius wurde dabei Herrmann – Herrmann der Cherusker-Fürst.

Anfang des 19. Jahrhunderts in der Zeit der Befreiungskriege gegen Napoleon wurde die siegreich geführte Schlacht des Arminius zu einem Mythos, der es in ahistorischer Übersteigerung erlaubte, Parallelen zwischen dem Kampf germanischer Verbände gegen die Römer und den aktuellen Befreiungskämpfen gegen den französischen Kaiser zu ziehen. So sah man in der Schlacht im Teutoburger Wald gewissermaßen einen Gründungsakt der deutschen Nation. Auf dem Weg zum Höhepunkt des deutschen Nationalismus im 19. Jahrhundert mit der Reichsgründung des Jahres 1871 wurden Arminius Gedichte, Dramen und Opern gewidmet. Nachdem ein Denkmalprojekt immer wieder hatte aufgegeben werden müssen, gab es nach der Reichseinigung kein Halten mehr, und so wurde endlich 1875 nahe bei Hiddesen im Teutoburger Wald das so genannte Hermannsdenkmal eingeweiht. Selbst ein so kluger Historiker wie der Nobelpreisträger Theodor Mommsen sprach mit Blick auf die einstige Römerschlacht von einem «Wendepunkt der Weltgeschichte», was ohne Zweifel eine ziemliche Übertreibung war.

Kalkriese oder das Rätsel der Varusschlacht

Den genauen Ort dieser so genannten Varusschlacht sucht man seit über hundert Jahren. Über ihre Lokalisierung kursierten Hunderte von Theorien. Doch mit der Entdeckung eines sich lang erstreckenden Fundortes am Kalkrieser Berg – nördlich von Osnabrück gelegen – schien die Diskussion zunächst einmal beendet. Dort stieß man bei Ausgrabungen seit 1987 auf über 1000 Münzen und mehr als 5000 Militaria aus der Zeit des Augustus: Wurfspeere, Helme, Brustpanzer, Gesichtsmaske, Schleudergeschosse, Pfeilspitzen und Pionieräxte sowie

Ein halbes Jahrhundert hatte man sich in Deutschland gemüht, Armin den Cherusker mit einem Monument zu ehren. Als man seit 1871 wieder ein Reich und einen Kaiser hatte, ging es

Fibeln, Schmuck, Geschirr und etliches mehr. Alle diese Objekte sind nachweislich um 9 n. Chr. in Gebrauch gewesen. An der Fundstelle hatten einst Germanen zudem nachweislich bergseitig einen Wall errichtet, der die engste Stelle zwischen einem ansteigenden Höhenzug und einem weitläufigen Moor noch weiter verengen sollte. An diesem Engpass waren ihnen die Römer offenbar in den Hinterhalt gegangen, wo sie kaum mehr Bewegungsfreiheit hatten, sich nicht geordnet zur Schlacht aufstellen konnten und schließlich nach und nach niedergemacht wurden. Es besteht also überhaupt kein Zweifel, dass in Kalkriese eine Schlacht zwischen Römern und Germanen stattfand.

Die genaue Datierung der Schlacht erlauben die Münzfunde. Deren Prägezeitraum liegt überwiegend zwischen 6 und 14 n. Chr. Damit ist klar, dass die Schlacht von Kalkriese auf jeden Fall in den historischen Kontext der Varusschlacht und der augusteischen Eroberungsversuche Germaniens gehört. Ob es aber tatsächlich der Ort der historischen Varusschlacht war, lässt sich hingegen nicht beweisen, weil in dieser Gegend in augusteischer Zeit zahlreiche Schlachten zwischen Römern und Germanen geschlagen wurden. Da die Münzreihe erst um 14 n. Chr. endet, dürfte die Schlacht von Kalkriese nicht mit der Varusniederlage in Zusammenhang stehen, sondern vielmehr in den Rahmen der Rachefeldzüge des Germanicus gehören – jenes römischen Oberbefehlshabers, der zu den Germanen entsandt wurde, um die Schmach des Varus wieder gutzumachen.

dann rasch voran, und 1875 wurde das Detmolder Hermannsdenkmal im Beisein Wilhelms I. eingeweiht.

Römische Germanienpolitik nach der Schlacht im Teutoburger Wald

Auch wenn Germanicus mehrere blutige Strafexpeditionen in das rechtsrheinische Gebiet unternahm, so änderte dies nichts daran, dass dem Nachfolger des Augustus – Tiberius – die Erfolgsaussichten und Ergebnisse dieser Feldzüge allzu zweifelhaft waren. Als Realist in politischen und militärischen Fragen gab er den Plan einer dauerhaften Eroberung Germaniens auf – und dabei sollte es auch für lange Zeit bleiben. Die Römer zogen sich auf die Westseite des Rheins zurück und versuchten fortan, die Reichsgrenze durch vertragliche Vereinbarungen

Der obergermanisch-rätische Limes: Schauplatz zahlreicher Auseinandersetzungen zwischen Römern und Germanen.

mit germanischen Stämmen östlich des Rheins zu sichern. Zwar gab es auch später unter Marc Aurel sowie im 3. Jahrhundert n. Chr. wieder militärische Versuche, von römischem Reichsgebiet aus auf germanisches Territorium vorzustoßen, doch keiner dieser Kriegszüge hatte dauerhaften Erfolg. Wie überraschend weit nach Osten diese Vorstöße allerdings reichen konnten, belegt eindrucksvoll die erst vor wenigen Jahren erfolgte archäologische Entdeckung eines Schlachtfeldes am Harzhorn im niedersächsischen Landkreis Northeim, das aus der Zeit des Kaisers Maximinus Thrax stammt (235/36). Solche Feldzüge mögen für einige Zeit die Rückzugsgebiete jener germanischen Stämme zerstört haben, die immer wieder die Reichsgrenze überschritten und Raubzüge im Grenzgebiet unternahmen, doch eine länger währende Okkupation dieser Territorien gelang nicht. Anders als beispielsweise in Gallien hatte man es bei den Germanen nicht mit zentralistisch organisierten Stammesgebieten zu tun, die immer dann unterworfen waren, wenn man erst einmal ihr Zentrum in der Hand hatte. Eine Eroberung Germaniens hätte mithin einen endlosen und weitgehend sinnlosen Guerillakrieg um jedes einzelne Dorf bedeutet. Die Römer wären daran am Ende ebenso gescheitert, wie beispielsweise all jene Armeen, die versucht haben, Afghanistan zu erobern, um dort ihre je eigene Ordnung zu etablieren.

Die Sicherung der obergermanisch-rätischen Gebiete

Was im Norden nicht gelang, glückte im späten 1. Jahrhundert n. Chr. im Süden. Dort wurde die Grenze des Römerreichs am Mittelrhein weiter nach Osten vorgeschoben und in der Folgezeit dann immer stärker ausgebaut. Um 200 n. Chr. bestand sie in der römischen Provinz Obergermanien schließlich aus Palisade, Wall und Graben, während man in Rätien

eine durchgehende Mauer errichtet hatte – ein für mitteleuropäische Verhältnisse gigantisches Unternehmen. In regelmäßigen Abständen standen Wachtürme und Kastelle, und die Weitergabe von Nachrichten erfolgte mit Feuer- und Hornsignalen, wodurch römische Truppen möglichst rasch an jene Stellen herangeführt werden sollten, an denen barbarische Gruppen den Zaun überwunden hatten und in Römergebiet eingefallen waren. Dieser so genannte obergermanisch-rätische Limes ist mit 550 Kilometer Länge das größte europäische Bodendenkmal und misst doch nur ein Viertel der Chinesischen Mauer, des längsten Bauwerks der Welt. Die Chinesische Mauer hatte eine ganz ähnliche Funktion zu erfüllen – nur saßen für die Chinesen die Barbaren im Westen, während sie aus römischer Sicht im Osten wohnten –, doch sie vermochte ihren Zweck auf Dauer ebenso wenig zu erfüllen wie der Limes der Römer. Beide Bauwerke dienten dem aberwitzigen Plan, kriegerische Stammesverbände, die man nie wirklich vernichtend schlagen konnte, einfach aus ganzen Landstrichen ‹auszusperren›. Beide, Chinesische Mauer und obergermanisch-rätischer Limes, sind heute UNESCO-Welterbestätten, und der Limes zieht sich noch immer gut sichtbar und schön zu erwandern durch Hessen, Baden-Württemberg und Bayern.

Zur Kontrolle und Versorgung der eroberten Gebiete war der Ausbau des römischen Straßennetzes, das das gesamte Imperium durchzog, ganz besonders wichtig. Die Bedeutung der Römerstraßen lässt sich sehr gut mit jener von heutigen Autobahnen vergleichen; sie verbesserten enorm die Mobilität der Menschen, erleichterten den Transport von Waren und ermöglichten auch die rasche Verschiebung von militärischen Einheiten. Die Römerstraßen waren so gut gebaut, dass sie sich vielfach noch heute im Gelände abzeichnen bzw. sogar maßgeblich für Trassenführungen in der Moderne wurden. Die Inschriften auf Meilensteinen geben dabei den Verlauf der Straßen und die Entfernungen zwischen Orten wieder; bei der Rekonstruktion der strukturellen Gliederung der römischen Provinzen sind sie von besonderem Belang. Vergleichbar heutigen Motels lagen an den römischen Fernstraßen in regelmäßigen Abständen so genannte *mansiones*, die als Unterkünfte und zum Pferdewechsel dienten.

Städte und städtisches Leben

Die römischen Städte im Reich waren Zentren der Verwaltung, Verkehrsknotenpunkte und Drehscheiben für den regionalen und überregionalen Handel. An ihrer Spitze standen Magistrate, die in der Regel über ein erhebliches Vermögen verfügen mussten, weil ihre Führungspositionen ehrenamtlich waren, vergleichbar mit den Trustees heutiger amerikanischer Museen. Von ihnen erwartete man, dass sie aus eigenen Mitteln beispielsweise Theater und Thermen errichteten und unterhielten oder andere öffentliche Aufgaben übernahmen, denn die städtischen Einnahmen aus Gebühren, Zöllen, Bußgeldern oder der Verpachtung von Monopolen reichte dafür in der Regel nie aus.

Römische Städte übten allein durch ihre prachtvolle Architektur bereits eine große Anziehungskraft auf die Bevölkerung in den Provinzen aus. Hatte man ihre mächtigen Toranlagen durchschritten, so ging man auf gepflasterten Straßen. Auf dem zentralen Marktplatz herrschte lebhaftes Treiben, die Straßen waren gesäumt von Schreibstuben und zahllosen Läden, vergleichbar den Bazaren in heutigen orientalischen Städten. Im Zentrum standen öffentliche Gebäude, und die Wohngebiete setzten sich aus Stadtvillen und Atriumhäusern wohlhabender Bürger oder mehrgeschossigen Mietshäusern zusammen. Überlandleitungen in Gestalt von Aquädukten führten große Mengen an Frischwasser in Brunnen und an Wasserzapfstellen der Städte. Die alte römische Kaiserstadt Trier wurde beispielsweise täglich mit 25 000 Kubikmetern Frischwasser durch solche Leitungen versorgt, während der heutige Verbrauch bei etwa 21 000 Kubikmetern liegt. Nicht weniger bedeutend war, dass öffentliche Bäder und Latrinen an die Abwasserkanäle angeschlossen waren – nicht jedoch die einzelnen Privathäuser; deren Bewohner mussten ihre Abwässer in Fässern sammeln und schütteten sie dann einfach vor dem Haus in die Gosse. Bei allen Unannehmlichkeiten, die damit einhergegangen sein müssen, waren die Wohnverhältnisse in den Industriestädten des 19. Jahrhunderts gleichwohl deutlich schlechter als in römischer Zeit. Öffentliche Badeanstalten fehlten in keiner römischen Stadt; sie boten nicht nur alle Möglichkeiten und Annehmlichkeiten der Körperpflege, sondern waren eine Mischung aus Schwimmbad, Sauna, Massagepraxis, Sporthalle und Schönheitssalon, vergleichbar heutigen Fitnessstudios mit angeschlossenem Spa-Bereich.

Das, was der Mensch heute in Fußballstadien sucht, bot sich dem römischen Bürger im ovalen Rund der Arena. Die bekannteste war das Kolosseum in Rom, das über 50 000 sensationsgierige Zuschauer aufnehmen konnte. Spannungsgeladen verfolgten sie Wettkämpfe von Gladiatoren, Tierhatzen und Seeschlachten; für Wagenrennen hingegen ging man in den Circus. Solche Veranstaltungen wurden stets auch zu politischen Zwecken genutzt: Wer in republikanischer Zeit – also vor 27 v. Chr. – nach öffentlichen Ämtern und Macht strebte, trat gern als Sponsor von Circusvorführungen auf, um sich als Wohltäter seiner Mitbürger zu gerieren; allerdings ruinierte sich manch ambitionierter Politiker auch auf diese Weise. Dass Karrieren durch diese Formen öffentlichen Engagements befördert werden, kennen wir ganz ähnlich auch heute noch aus vielen Weltgegenden. Eine weitere wichtige Funktion des römischen Circus in der Kaiserzeit betraf die Kommunikation zwischen Herrscher und Volk, für die es sonst nur selten Gelegenheiten gab. Daher achteten die Kaiser stets darauf, sich im Circus zu zeigen und die Stimmung ihrer Untertanen zu erfahren.

Die Versorgung der römischen Städte mit Nahrungsmitteln sicherten in den nordwestlichen Reichsprovinzen die zahllosen Gutshöfe auf dem Land, die so genannten *villae rusticae*. Dabei handelte es sich um bäuerliche Wirtschaftsbetriebe, deren Größe erheblich variieren konnte. Sie reichten von kleinen Gehöften bis zu riesigen Latifundien mit palastähnlichen Wohnhäusern. Wichtiges Kriterium für die Standortwahl einer *villa rustica* war die Nähe zum Wasser und zu den Verkehrswegen, um die landwirtschaftlichen Güter rasch zu den Märkten als wichtigen Umschlagsorten transportieren zu können. Die Bodenqualität spielte eine entscheidende Rolle für den wirtschaftlichen Erfolg. Nachdem die Alemannen im späten 3. Jahrhundert den Limes überrannten und die Grenze wieder an Rhein und Donau zurückverlegt werden musste, führte der Verlust dieser Gebiete zum fast vollständigen Zusammenbruch der landwirtschaftlichen Versorgung in diesem Teil des Reichs. Einfallende germanische Verbände zerstörten immer wieder Villen, die ihnen schutzlos ausgesetzt waren. Manche Bewohner mussten ihre Gutshöfe überstürzt verlassen, um ihr Leben zu retten, wovon Versteckfunde beredtes Zeugnis ablegen. Was geschah, wenn die Flucht nicht mehr gelang, belegt ein grausiger Fund aus Regensburg-Hartingen: Dort haben die Angreifer einst die erschlagenen Leichen der Villenbewohner in den Hofbrunnen geworfen.

Die Kultur des Feindes

Doch es wäre falsch, die immer wieder ins Reich eindringenden Germanen nur als marodierende Söldnerhaufen zu betrachten. Ihr Leben im so genannten freien Germanien war zumeist friedlich und wurde in erster Linie von der Landwirtschaft bestimmt. Besondere Einblicke

Rekonstruktion der Gehöfte in der germanischen Wurtensiedlung von Feddersen-Wierde, Niedersachsen.

in das Leben germanischer Siedlungen gestatten beispielsweise die Marschgebiete der Nordseeküste. Um vor den ständig wiederkehrenden Sturmfluten der Nordsee halbwegs sicher zu sein, schüttete man so genannte Wurten auf, auf denen man dann die Gehöfte errichtete. Wenn eine Besiedlungsphase infolge von Brand oder Baufälligkeit der Häuser an ihr Ende gelangte, ebnete man die alten Hausstellen ein und errichtete unmittelbar darüber eine neue Siedlung. Infolgedessen stehen wir an der norddeutschen Küste vor einem ähnlichen Phänomen, wie wir es in den vorangegangenen Kapiteln bereits kennengelernt haben – eine sich im Nahen Osten über Jahrtausende hinziehende so genannte Tellbildung aus meterhoch sich überlagernden Siedlungsschichten.

Die Wurt von Feddersen-Wierde an der niedersächsischen Nordseeküste war eine der wenigen, die vollständig untersucht wurde. Sie lässt das Werden und Vergehen eines solchen Platzes besonders eindrucksvoll nachzeichnen: Die Geschichte dieser Siedlung begann einst mit nur einigen wenigen Gehöften, die jeweils aus ein bis zwei Langhäusern mit Wohn- und Stallbereich bestanden. Als im Laufe der Zeit die Bevölkerung wuchs, vergrößerte man die Wurt zwar noch etwas, doch die räumlichen Erweiterungsmöglichkeiten waren bald erschöpft. In den folgenden Generationen entwickelten sich manche Gehöfte stärker als andere; auch wurde dort mehr Vieh gehalten. Im Süden stach in diesem Prozess ein Hof besonders hervor, der die größten Wohngebäude und den größten Viehbestand umfasste. Interessanterweise konzentriert sich gerade dort auch der Großteil des römischen Importgeschirrs im archäologischen Fundmaterial. Zweifellos wohnte auf diesem Hof der Häuptling oder Dorfälteste mit seiner Sippe. Als es gegen Ende der Besiedlung dann zu einem Rückgang der Bevölkerung und des Viehbestandes kam und die Höfe kleiner wurden, wurde der Häuptlingshof im Süden bezeichnenderweise als Letzter vom allgemeinen Niedergang erfasst, ehe der Platz schließlich völlig aufgegeben wurde.

Die Entwicklung von Feddersen-Wierde lässt also nicht nur das Werden und Vergehen einer ländlichen Siedlung an der Nordseeküste rekonstruieren. Vielmehr zeigt sich dort auch, dass es während der römischen Kaiserzeit bei den Germanen außerhalb des Imperiums zu einer gesellschaftlichen Differenzierung gekommen war. Diese Ent-

Beigaben aus dem germanischen Fürstengrab von Emersleben, Sachsen-Anhalt, darunter Kelle und Sieb eines römischen Weinservices.

wicklung spiegeln zudem Prunkgräber deutlich wider. Seit dem 1. Jahrhundert n. Chr. wurden in den Gebieten zwischen Weser und Weichsel sehr reich ausgestattete Gräber angelegt. Wir finden sie meist unter Grabhügeln. Sie zeigen durch ihre Ausstattung, dass die Grabherren sich in ihrem sozialen Status deutlich von der einfachen Bevölkerung unterschieden. Kennzeichnend für die Grabbeigaben sind umfangreiche Geschirrsätze von römischen Importgefäßen aus Bronze, Silber, Glas und Keramik. Waffen und Sporen weisen die in diesen Gräbern Bestatteten als Krieger aus, denen man für ihren Weg durch das Jenseits noch Fibeln, Ringschmuck und römische Münzen – oft aus Edelmetall – mitgegeben hat. Vieles weist darauf hin, dass es sich bei den Verstorbenen um ehemalige germanische Söldner in römischen Diensten gehandelt hat, die wieder in ihre Heimat zurückgekehrt waren und durch römische Prestigeobjekte sowie Trink- und Speisesitten einen anderen, römisch geprägten Lebensstil vorleben wollten, um ihre gehobene soziale Stellung zum Ausdruck zu bringen. Auch heute dienen vielfach Äußerlichkeiten zur sozialen Distinktion, wenn man beispielsweise an Markenkleidung oder teure Autos denkt. Die Neigung, gern mehr zu scheinen, als man vielleicht ist – aber auf keinen Fall geringer scheinen zu wollen –, scheint eine anthropologische Grundkonstante zu sein, die wir mit den Menschen der Vergangenheit teilen.

Einmal mehr belegt dieses Beispiel zudem, dass Römer und Germanen von dem Zeitpunkt an, da Caesar durch Gallien bis an den Rhein vorstieß, eine in mancherlei Hinsicht gemeinsame Entwicklung durchliefen, die sehr ausdifferenziert war und keinesfalls auf kriegerische Auseinandersetzungen reduziert werden darf. Diese Beobachtung ändert indes nichts an der Tatsache, dass die Germanen entscheidend zum Untergang des Imperium Romanum beitrugen (476 n. Chr.), um es einerseits sogleich zu übernehmen und, wie sich zeigen sollte, sich andererseits mit ihren Nachfolgereichen ganz bewusst in dessen Traditionen zu stellen.

11

Christen, Ritter, Gurkenzüchter und Händler – das heutige Europa entsteht

Das Imperium Romanum in Gefahr

Die Spätantike beginnt mit Kaiser Diokletian, der in seiner Regierungszeit zwischen 284 und 305 n. Chr. versuchte, durch Reformen von Verwaltung und Heer den Niedergang des Römischen Reichs aufzuhalten. Hinter ihm lag die fünfzigjährige Krisenzeit der so genannten Soldatenkaiser, deren Herrscher sich mitunter nur wenige Monate an der Spitze des Reichs hielten, ehe sie ermordet und ersetzt wurden. In dieser Epoche war das Heer zum Kaisermacher geworden, und so entstammte auch Diokletian als Chef der kaiserlichen Leibgarde dem Militär. In realistischer Einschätzung der Lage des Reiches, das allenthalben militärisch gefordert war, kam er zu dem Schluss, dass ein Einzelner diesen vielfältigen Herausforderungen nicht länger gerecht werden könne, und so teilte er die Herrschaft. Er führte die so genannte Tetrarchie ein, eine Viererherrschaft mit zwei Hauptkaisern (*Augusti*) und zwei Juniorkaisern (*Caesares*), die nach zehn Jahren an die Stelle der *Augusti* treten sollten, um dann ihrerseits wieder zwei Juniorkaiser mit entsprechenden Perspektiven hinzutreten zu lassen. Dadurch schien der Konkurrenzdruck nachhaltig verringert und das propagierte Ziel

Bildnis Karls des Großen (747/748–814).

der Eintracht (*Concordia*) gesichert. Es gab auch nicht länger nur einen Regierungssitz, vielmehr wurden mit Mailand, Aquileia und Nikomedia Städte im Westen und im Osten zu Herrschersitzen. Dies bereitete die später erfolgende Reichsteilung bereits vor. Doch was ideal gedacht war, überstand nur genau einen Regierungswechsel nach 20 Jahren. Dann wollten es die Wechselfälle von Krankheit, Tod und persönlichem Ehrgeiz, dass das neue System bereits im Jahr 306 scheiterte und es – nach jahrelangen blutigen Kämpfen zwischen verschiedenen Thronprätendenten – erneut zu einer Alleinherrschaft kam. *The winner takes it all* – und dieser Gewinner hieß Konstantin. Er war der Sohn des Constantius Chlorus, der als Augustus das Westreich hätte regieren sollen, aber bereits 306 in York starb, woraufhin seine Truppen den Sohn des Verstorbenen, Konstantin, regelwidrig zum Kaiser ausriefen.

Diokletians Nachfolger Konstantin I., auch «der Große» genannt, gründete 330 am Bosporus seine neue Metropole, der er auch seinen Namen gab: Konstantinopolis. Mit diesem Schritt verloren Rom und der Westen an Bedeutung, aber es sollte noch bis zum Jahr 395 dauern, ehe unter den Söhnen von Kaiser Theodosius I. – Arcadius und Honorius – faktisch die Reichsteilung vollzogen wurde. Seitdem verlief die Geschichte der beiden Reichsteile unterschiedlich. Auf den Territorien des Westreichs bildeten sich im 5. und 6. Jahrhundert mehrere zumeist von Germanen beherrschte Staaten heraus, während im Ostteil das Byzantinische Reich entstand, das sich bis zur Eroberung durch die Osmanen im Jahr 1453 behaupten konnte. In der Anfangszeit des Ostreiches gelangen den dort amtierenden Kaisern durchaus noch militärische Erfolge, was unter Justinian (527–565) sogar noch einmal zur Vereinigung der beiden Reichsteile führte. Doch bald sah sich der Osten in Abwehrkämpfe verstrickt, die kaum einmal eine Atempause boten und mit wachsenden territorialen Verlusten einhergingen.

Hauptaufgabe römischer Militärpolitik in der Spätantike war es, die Grenze in Obergermanien und Rätien wieder zu festigen. Germanische Stämme, die diese Grenzlinien mühelos durchbrechen konnten, hatten anschließend – einmal in das Innere des Reiches gelangt – nahezu ungehindert Möglichkeit, bis zu den Pyrenäen vorzustoßen. Zur neuen Strategie Roms gehörte es, das Gebiet, das im späten 3. Jahrhundert bereits von Alemannen überrannt worden war, aufzugeben und die römische Reichsgrenze auf die Linie Rhein, Iller und Donau zurückzuverlegen, um diese effektiv zu befestigen. Dies erreichte man mit Hilfe deutlich kleinerer Militärlager, die auch mit weniger Soldaten besetzt, aber in umso massiverer Bauweise errichtet waren. Dort entstanden auf diese Weise bereits die ersten Burgen als Vorboten des heraufziehenden Mittelalters, zumal diese kleinen, massiven Kastelle auch zahlreiche nach außen vorspringende Türme aufwiesen. Im Hinterland der Grenzkastelle stationierte man schnelle Eingreiftruppen, deren Reihen jedoch aus Mangel an römischen Soldaten immer mehr durch germanische Hilfstruppen aus Gebieten außerhalb des Reichs aufgefüllt werden mussten, was der Verlässlichkeit dieser Truppenkontingente nicht zuträglich war – man hatte den Bock zum Gärtner gemacht.

Auch bedeutende Städte nahe der Reichsgrenze erhielten in der Spätantike mächtige Befestigungsmauern, was einmal mehr deutlich macht, wie unsicher die Zeiten geworden waren. Das heutige Köln, in der Spätantike Hauptstadt der Provinz Germania Secunda sowie Sitz des Hauptquartiers der römischen Heeresleitung und des Provinzstatthalters, wurde durch eine fast vier Kilometer lange Stadtmauer mit 19 Türmen und neun Toren geschützt. Ebenso wurden Mainz, Hauptstadt der Provinz Germania Prima, und Augsburg, Hauptstadt von Raetia Secunda, massiv befestigt. Gleichzeitig fand in der Spätantike auf dem Land ein Ausbau der befestigten Höhensiedlungen statt, die als zeitweilige Zufluchtsorte für jene Teile der Zivilbevölkerung dienten, die nicht innerhalb der bestens geschützten Städte Rettung suchen konnten und mithin den einfallenden germanischen Verbänden nahezu schutzlos preisgegeben gewesen wären.

Trotz der unsicheren Zeiten erlebte die römische Stadt Trier (Augusta Treverorum) gerade in der Spätantike ihre Blütezeit. Trier wurde für fast ein Jahrhundert zur Kaiserresidenz, und die Präsenz des Hofes während des 4. Jahrhunderts führte zu einem enormen sozialen, ökonomischen und kulturellen Aufschwung der alten Provinzstadt, die jedoch aufgrund ihrer Verkehrslage seit der Gründung durch Kaiser Augustus stets hohe strategische Bedeutung hatte. Dieser Aufschwung kam in großartigen Bauwerken zum Ausdruck, von denen das Nordtor, die so genannte Porta Nigra (schwarzes Tor), und die Konstantinsbasilika noch heute das Stadtbild prägen.

Doch bei allen Reformbemühungen und trotz des zeitweiligen Aufblühens einzelner Städte bietet die Spätantike im Westen des Reiches insgesamt das Bild eines schleichenden Verfalls der politischen Zentralmacht. Die Kräfte waren überdehnt. Die militärischen Rückschläge blieben nicht ohne Auswirkungen auf das wirtschaftliche Leben in den Provinzen, das zudem von Kontributionen an das Militär belastet wurde. Viele landwirtschaftliche und handwerkliche Betriebe arbeiteten nicht mehr rentabel, Handelsrouten waren unterbrochen, der Warenaustausch ging stark zurück, die Versorgung der Stadtbevölkerungen war nicht mehr umfassend gewährleistet, und schließlich kam es auch noch zur Inflation – der Edelmetallgehalt der Münzen sank. Kaiser Konstantin hat während seiner Herrschaft die Geldentwertung bekämpft,

Porta Nigra – das noch erhaltene römische Stadttor im Norden Triers.

indem er in Trier den ersten Solidus prägen ließ – eine Goldmünze, die fortan als Bezugsgröße für die Geldwirtschaft dienen sollte. Noch unser heutiges deutsches Wort «solide» leitet sich von der Bezeichnung für dieses Nominal ab.

Der Aufstieg des Christentums

Die Spätantike ist aber auch verbunden mit dem Aufstieg des Christentums, der wiederum seinen Ausdruck in den archäologischen Quellen findet. Nachdem es bereits im 3. Jahrhundert wiederholt zu schweren Christenverfolgungen gekommen war, waren die Kaiser Diokletian und Galerius in den ersten Jahren des 4. Jahrhunderts nochmals mit aller Härte gegen die Christen vorgegangen. Erst das Toleranzedikt des Galerius (311) brachte die Wende. Und unter Kaiser Konstantin dem Großen und seinem damaligen Mitkaiser Licinius blieb es nach der Mailänder Vereinbarung (313) jedem römischen Bürger selbst überlassen, welche Religion er ausüben wollte. So war das Christentum zur *religio licita* – zur erlaubten Religion – geworden. Damit war die Zeit der Christenverfolgungen vorbei. Tatsächlich begünstigte Kaiser Konstantin fortan die Christen und kümmerte sich intensiv um die inneren Belange ihrer Religion, indem er beispielsweise den Vorsitz des ersten Konzils von Nicäa (325) übernahm, auf dem unter anderem das maßgebliche christliche Glaubensbekenntnis verabschiedet wurde. Er selbst ließ sich allerdings erst auf dem Sterbebett taufen.

Abgesehen von einem kurzen Intermezzo in den 60er Jahren des 4. Jahrhunderts unter Kaiser Julian Apostata begann damals der Aufstieg des Christentums, das schließlich durch verschiedene gesetzgeberische Maßnahmen – zuletzt durch das Verbot aller heidnischen Kulthandlungen (392) – des bereits erwähnten Kaisers Theodosius I. zur Staatsreligion wurde. So hatte die einstige jüdische Sekte eine geradezu atemberaubende Erfolgsgeschichte zu einem erstaunlichen Abschluss gebracht! Sinnfällig lässt die dreischiffige Basilika, die Grundform christlichen Kirchenbaus, erkennen, wie viel römische Tradition bis heute im Christentum steckt.

Die Völkerwanderung

Neben dem Aufstieg des Christentums in der Spätantike wurde die so genannte Völkerwanderung zum Signum dieser Epoche. Über die Ursachen für diese Wanderbewegungen wurde viel spekuliert. Schlechte Ernten und eine partielle Überbevölkerung im freien Germanien werden ebenso als Ursachen angeführt wie Vorstöße nomadisch geprägter Stämme aus Innerasien. Tatsache ist jedoch, dass die Migrationsbewegungen, die in der so genannten Völkerwanderungszeit des späten 4. und 5. Jahrhunderts kulminieren, schon Jahrhunderte früher einsetzten. Jedenfalls lassen sich bereits seit dem 1. Jahrhundert v. Chr. Verschiebungen germanischer Bevölkerungsgruppen aus dem südlichen Ostseegebiet Richtung Nordschwarzmeerraum feststellen. Später begründeten die NS-Propagandisten die Berechtigung ihres ebenso wahnwitzigen wie verbrecherischen Eroberungskrieges gegen die Sowjetunion unter anderem damit, dass sie nur «altes germanisches Land» endlich wieder «heim ins Reich» holen wollten.

Ausgelöst durch das Vordringen der Hunnen – eines innerasiatischen Nomadenvolkes – nach Westen gewann jene Wanderungsbewegung, die bereits im 2. und 3. Jahrhundert eingesetzt und größere Verbände von Goten, Gepiden und Vandalen nach Süden und Westen gelenkt hatte, an

Die Völkerwanderungszeit verändert die Macht- und Kulturverhältnisse in Europa und im Mittelmeerraum.

Dynamik und Dramatik. Dass der obergermanisch-rätische Limes so unter Druck geraten war und viele Fremde ins Reich eingedrungen waren und um Aufnahme in ein Bündnisverhältnis (*Foederati*) baten, war letztlich eine Konsequenz dieses Hunnensturms. Die Hunnen selbst waren 375 an der Peripherie ins Blickfeld der spätantiken Welt geraten. Im nördlichen Schwarzmeergebiet trafen sie auf Ostgoten und andere germanische Stämme, die daraufhin in westlicher Richtung auswichen und so umfassende Völkerbewegungen auslösten. Das Eintreffen der Hunnen in der osteuropäischen Steppe gilt seither als Beginn der eigentlichen Völkerwanderungszeit in Europa. Hunnische Eroberungszüge, die die Welt der Antike in Angst und Schrecken versetzten, lassen sich in der historischen Überlieferung und nicht zuletzt auch durch archäologische Funde bis über den Rhein verfolgen. Erst 451 wurden die Hunnen auf den Katalaunischen Feldern in Gallien durch ein Koalitionsheer unter Führung des römischen Heermeisters Aëtius besiegt. Doch wäre die Gefahr nicht so rasch zu bannen gewesen, wäre nicht völlig überraschend Attila – der König der Hunnen, hocheffizienter Militär und gefährlicher Gegenspieler des West- wie des Ostreichs – im Jahr 453 im Brautbett verstorben. So rasant die hunnische Reichsbildung erfolgt war, so rasch löste sie sich nach seinem Tod auf.

Archäologisch bemerkenswert ist, dass durch die Hunnen verstärkt östliche Einflüsse nach Mitteleuropa gelangt sind. Dazu gehörten beispielsweise deformierte Frauenschädel, die offenbar dem reiternomadischen Schönheitsideal jener Zeit entsprachen, was erstaunlicherweise von einigen Germanen übernommen wurde. Dazu mussten die Hinterköpfe von frühester Kindheit an straff bandagiert werden, um sie in die gewünschte Form zu zwingen. Mit den Hunnen kamen aber auch Tracht- und Schmuckelemente östlicher Herkunft nach Mitteleuropa, wie z. B. mit roten Glas- oder Edelsteineinlagen verzierte Goldarbeiten, die auf orientalisch-iranische Schmucktraditionen zurückgehen.

Als die Hunnen wieder als Akteure aus der abendländischen Geschichte verschwanden, blieben dem Imperium Romanum dennoch alle Probleme erhalten, welche die Völkerwanderung in den vorangegangenen 200 Jahren hervorgerufen hatte. Waren mit der Ausdehnung des Reiches einerseits und mit der Aufnahme fremder Völker im Zuge der Völkerwanderung als *Foederati* andererseits immer mehr Fremde ins Reich gelangt, so machten auch immer mehr von ihnen im römischen Militärdienst Karriere. Von den Germanen, die im Heer Wehrdienst leisteten, stiegen einige bis in höchste Ämter der römischen Militärhierarchie und damit zugleich innerhalb des römischen Staates auf. Zu ihnen gehörten beispielsweise der Vandale Stilicho, der als Heermeister (*magister militum*) dem römischen Kaiser Honorius (395–423) diente und ihn bisweilen auch dominierte – was ihn am Ende den Kopf kostete –, oder auch der Germane Theoderich, der später gleichfalls den Beinamen «der Große» erlangte. Theoderich war Ostgote, wurde in Konstantinopel erzogen, erwies sich als hervorragender Militär, tötete den ersten Germanen auf dem römischen Thron – Odoaker, der 476 den letzten weströmischen Kaiser, Romulus Augustulus, abgesetzt hatte – und nahm als *patricius* und Stellvertreter des oströmischen Kaisers dessen Position im Westen ein. 493 machte er Ravenna zur Hauptstadt seines oberitalischen Ostgotenreiches, das bis zu seinem Tod 526 bestand. Sein monumentaler Kuppelgrabbau aus dem frühen 6. Jahrhundert ist noch heute in Ravenna zu besichtigen und verbindet auf besondere Weise römische und frühbyzantinische Bautraditionen mit germanischen Elementen.

Langobarden, Franken und Slawen – die Welt des Frühmittelalters nimmt Gestalt an

Von allen Bewegungen der Völkerwanderungszeit lässt sich besonders klar der Wanderzug der Langobarden nachzeichnen, die ein wichtiger Akteur der frühmittelalterlichen Geschichte werden sollten: Noch im 1. Jahrhundert v. Chr. an der unteren Elbe beheimatet, hatten sie ihr Siedlungsgebiet seit dem 2. und 3. Jahrhundert n. Chr. über die Altmark weiter nach Süden verlagert. Im 4. Jahrhundert erreichten sie entlang der Elbe zunächst Böhmen und am Ende des 5. Jahrhunderts auch Niederösterreich, Südmähren und die Südwestslowakei. Vom frühen 6. Jahrhundert an lebten sie in Westungarn, und 568 zogen sie nach

Oberitalien weiter, wo sie ein langobardisches Königreich gründeten, das erst Karl der Große im 8. Jahrhundert unterwerfen und seinem Frankenreich eingliedern sollte.

Die Franken hatten am Ende des 5. Jahrhunderts zu beiden Seiten des Niederrheins ein größeres staatliches Gebilde geschaffen, an dessen Spitze im Jahr 482 Chlodwig als zweiter König der Merowingerdynastie trat. Historisch folgenreich war sein Übertritt zum Christentum, und zwar entsprechend der katholischen Konfession, während die meisten Germanen dem arianischen Bekenntnis folgten, das nicht zuletzt ein von der Orthodoxie auf dem ersten Konzil von Nicäa als häretisch abgelehntes Verhältnis von Gottvater zu Gottsohn propagierte. Die christlich-katholische Konversion des neuen Herrschers erleichterte die Integration der romanischen Bevölkerung erheblich und erwies sich als ein politisch genialer Schachzug. Chlodwigs militärische Erfolge über Alemannen und Thüringer machten das Frankenreich unabweislich zu einem maßgeblichen Machtfaktor im westlichen Mitteleuropa. Nachdem die Merowingerdynastie nach mehreren Generationen an Stärke einbüßte, wurde der letzte König dieses Geschlechts, Childerich III., von dem Hausmeier Pippin (genannt *der Kurze* oder auch *der Jüngere*) entmachtet und ins Kloster geschickt, während sich der ehemalige Vorsteher der königlichen Hofhaltung 751 selbst zum König machte. Zur überragenden Gestalt des Frühmittelalters wurde sein Sohn Karl der Große (768–811), nach dem das ganze Geschlecht als Dynastie der «Karolinger» bezeichnet wird. Karl der Große ließ sich im Jahr 800 in Rom zum Kaiser krönen und sah sich damit – nachdem das Kaisertum im Westen 476 mit der Entmachtung des Romulus Augustulus erloschen war – zugleich als Erbe des Weströmischen Reiches.

Vom 9. Jahrhundert an veränderten sich die ethnischen, politischen, wirtschaftlichen und kulturellen Verhältnisse in Europa erneut grundlegend. Östlich des Karolingerreichs sickerten von Osten aus Slawen in die von germanischen Stämmen geräumten Gebiete ein. Im Ostseegebiet entstand mit den Wikingern ein neuer Machtfaktor. In Südosteuropa hatte sich das Oströmische bzw. Byzantinische Reich fest etabliert, und im Nahen Osten und in Nordafrika eroberte der Islam in rasanter Geschwindigkeit riesige Gebiete und erreichte im frühen 8. Jahrhundert sogar die Iberische Halbinsel.

Die Gräber der Krieger

Die Veränderungen dieser Zeit wirkten sich auch auf Kampfesweise und Bewaffnung aus. Helme und Panzer aus schmalen Eisenlamellen oder Eisenringen schützten die Krieger der Oberschicht im Kampf. Wenn sie starben, gab man ihnen Sattelteile, Zaumzeug und Sporen mit ins Grab, so dass sie für den Archäologen als Reiterkrieger erkennbar werden. Ein wichtiges Element ihrer Ausrüstung war Ende des 6. Jahrhunderts hinzugekommen: Von den Awaren, einem Volk aus der pannonischen Tiefebene im heutigen Ungarn, hatte man den Steigbügel übernommen, der – nicht zuletzt beim Angriff – ungleich mehr Halt im Sattel bot, als ohne ihn bis dato gegeben war. Das revolutionierte den Kampf zu Pferde und führte letztlich zusammen mit Helm und Rüstung zur Entstehung der gepanzerten Kavallerie und in der weiteren Folge zur Entwicklung des mittelalterlichen Rittertums.

Im Frühmittelalter wurden riesige Gräberfelder angelegt. Wegen ihrer strengen Reihenanordnung spricht man auch von der so genannten Reihengräberzivilisation der Merowingerzeit (spätes 5. bis 7. Jahrhundert). Danach erst wurden die Grablegen um Kirchen von Dörfern und Städten gruppiert, wo sie sich gerade in kleineren Gemeinden bis heute befinden.

Bei der Auswertung solcher Gräberfelder kommt der Anthropologie eine besondere Bedeutung zu. Sie bestimmt nicht nur Alter und Geschlecht der Verstorbenen, sondern kann auch Krankheiten oder Verletzungen sowie Ernährungsgewohnheiten, Mangelernährung oder Hinweise auf schwere körperliche Arbeit feststellen. Wohlhabendere Menschen erreichten in der Regel ein höheres Alter und wurden aufgrund ihrer besseren und eiweißreicheren Versorgung auch größer. Die Kindersterblichkeit in dieser Epoche war hoch. Auch starben Frauen oft schon in jungen Jahren wegen Komplikationen in der Zeit der Schwangerschaft, bei der Geburt oder infolge der schlechten hygienischen Verhältnisse im Kindbett. Die Lebenserwartung der Frauen war daher noch niedriger als jene der Männer, obwohl viele von ihnen in einem der zahllosen Kriege starben. An männlichen Skeletten lassen sich immer wieder Verletzungen durch Kampfhandlungen feststellen; nicht wenige verheilten und lassen erkennen, dass immerhin eine medizinische Grundversorgung gegeben gewesen sein muss. Selbst chirurgische Eingriffe wie Amputationen von Gliedmaßen oder Schädeltrepanationen sind belegt.

Aus der Zeit des späten 7. und frühen 8. Jahrhunderts, als die Merowingerdynastie im Niedergang begriffen war und schließlich entmachtet wurde, finden sich reiche Adelsgräber, versehen mit kompletten Waffenausstattungen, Edelmetallschmuck und mitunter auch vornehmen Gewändern. Wer waren die Krieger, die man auf diese Weise beerdigt hatte? Waren es Warlords, die aufgrund der geschwächten Zentralmacht in der späten Merowingerzeit auf eigene Faust agierten und in die eigene Tasche wirtschafteten, um ihren Machtbereich auszudehnen – so wie wir dies heute auch immer wieder von Krisenregionen in Afrika, Lateinamerika oder beispielsweise aus Afghanistan kennen? Auf jeden Fall zeigen diese Gräber, dass die Rekonstruktion der politischen und sozialen Verhältnisse gerade in Umbruchzeiten, in denen die Schriftquellen vielfach aussetzen, in besonderer Weise der sorgfältigen Auswertung archäologischer Quellen bedarf.

Burgen, Kirchen, Handelswege

Das Leben im frühen Mittelalter gestaltete sich so mobil wie selten zuvor und selten danach. Da es keine ortsfesten politischen Zentren gab, zogen die Herrscher mit ihrem Gefolge von Pfalz zu Pfalz. Durch Heiratsverbindungen bemühten sich die Karolinger, europaweite Kontakte zwischen Königs- und Adelsfamilien zu knüpfen. Im Dienste der Kirche waren Wanderbischöfe und Missionare unterwegs. Mönche reisten von Kloster zu Kloster, um Handschriften für die Bibliotheken ihrer Heimatklöster zu erwerben oder zu kopieren. Eine große Zahl von Pilgern war auf der Wanderschaft, und über die frühmittelalterlichen Straßen zogen geradezu Karawanen von Händlern. Mit der Anlage des Karlsgraben, der so genannten *fossa carolina,* dem ältesten Vorläufer des heutigen Rhein-Main-Donau-Kanals – dessen Reste zwischen Rezat und Altmühl beim Dorf Graben noch heute zu bestaunen sind –, zeigten die Karolinger, dass sie auch im Hinblick auf den Ausbau der wirtschaftlichen Infrastruktur durchaus bereits in europaweiten Dimensionen dachten.

Die Ostgrenze des Karolingerreiches verlief entlang Elbe und Saale; die Gebiete östlich davon galten als slawisch. Die slawische Besiedlung dieser Gebiete seit dem 6./7. Jahrhundert erfolgte spärlich und nicht flächendeckend; Gegenden mit dichterer Besiedlung waren durch umfangreiche Waldgebiete voneinander getrennt. Die Mittelpunkte des politischen, wirtschaftlichen und kulturellen Lebens in den slawischen Gebieten bildeten vom 9. Jahrhundert an so genannte Burgwälle, die später zu Keimzellen vieler mittelalterlicher Städte in Ostdeutschland

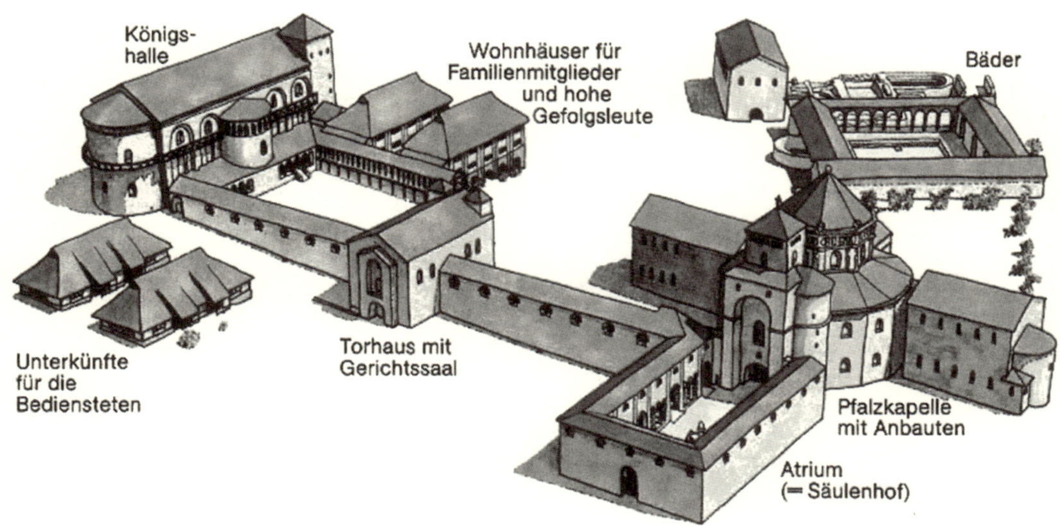

Rekonstruktion der karolingischen Pfalz von Aachen.

wurden. Sie bestanden meist aus einer runden Hauptburg, die von einer mächtigen Holz-Erde-Mauer geschützt war. Mitunter schlossen sich daran Vorburgen für Gewerbe, Händler und Dienstleute an.

Die Errichtung mächtiger Burgen und Brückenbauten erforderte ebenso wie Töpferei, Salzsiederei, Eisenverhüttung und die Pech- und Teerschweflerei der Slawen außerordentlich viel Holz. Das stetige Abholzen führte zu einem deutlichen Rückgang der Wälder; die Folgen dieser groß angelegten Rodungen spüren wir bis heute. Nahm der Waldbestand Europas ab, so nahm im Gegenzug sein Speisezettel zu – ein Beitrag der Slawen bestand in der Einführung der in Europa bis dahin unbekannten Gurke, die sie aus dem Osten mitbrachten. Ferner spielten bei den Slawen Handel und Verzehr von Heringen ebenso wie die Imkerei eine ungleich größere Rolle als in anderen Teilen Europas.

Nachfolgende Doppelseite: Europa und der Mittelmeerraum am Ende des Frühmittelalters.

In Brandenburg an der Havel lässt sich die Entwicklung von einem slawischen Ringwall zur mittelalterlichen Stadt in allen Etappen sehr gut verfolgen: Über einem zunächst unbefestigten slawischen Dorf mit

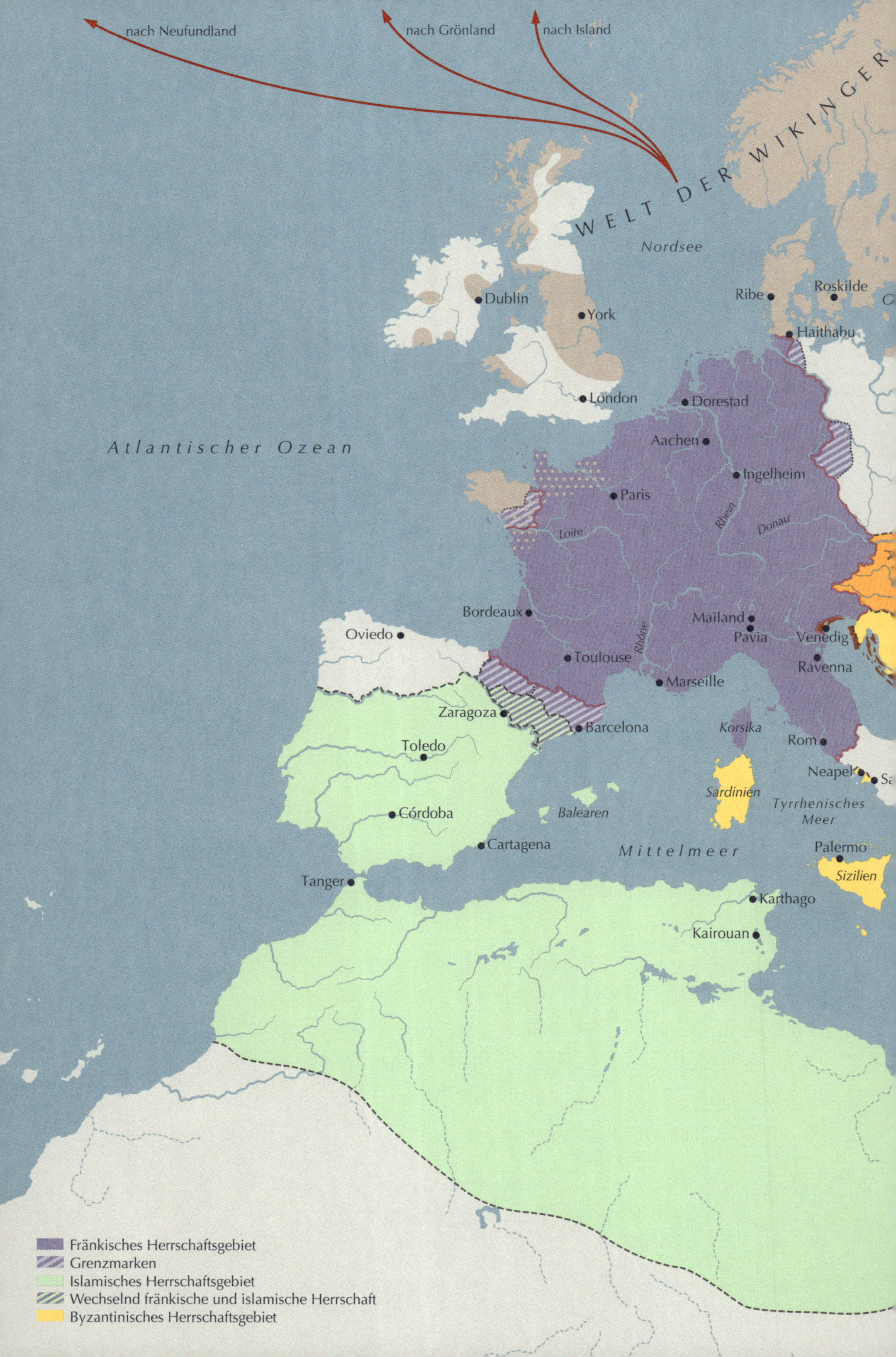
nach Neufundland
nach Grönland
nach Island
WELT DER WIKINGER
Nordsee
Dublin
York
London
Ribe
Roskilde
Haithabu
Dorestad
Aachen
Ingelheim
Paris
Rhein
Donau
Loire
Atlantischer Ozean
Bordeaux
Oviedo
Toulouse
Rhône
Mailand
Pavia
Venedig
Ravenna
Marseille
Zaragoza
Barcelona
Korsika
Rom
Neapel
Toledo
Córdoba
Cartagena
Balearen
Sardinien
Tyrrhenisches Meer
Mittelmeer
Palermo
Sizilien
Tanger
Karthago
Kairouan
Fränkisches Herrschaftsgebiet
Grenzmarken
Islamisches Herrschaftsgebiet
Wechselnd fränkische und islamische Herrschaft
Byzantinisches Herrschaftsgebiet

Staraja Ladoga
Nowgorod
Waräger
Bulgar
awen
Kiew
nach Zentralasien
Kaspisches Meer
Donau
Schwarzes Meer
Konstantinopel
aloniki
Athen
Tarsus
Raqqa
Tigris
Samarra
Aleppo
Bagdad
Ktesiphon
Euphrat
Kreta
Zypern
Damaskus
Kufa
Schiraz
Mittelmeer
Basra
Jerusalem
Alexandria
Persischer Golf
Fustat/Kairo
Katharinenkloster
Nil
Rotes Meer
Medina
Mekka

zugehörigen Ackerflächen aus dem 7. Jahrhundert errichtete man später eine mächtige Burg, angeblich den Fürstensitz der slawischen Heweller. Mit dem Bau einer Domkirche für das 948 dort gegründete Bistum begann der Aufstieg der Stadt. Die Kirche hatte für jede Siedlung eine ganz besondere Bedeutung, die noch zum Ausdruck kommt, wenn wir die Redewendung gebrauchen «Die Kirche im Dorf lassen». Sie verweist auf ein Phänomen, das weiten Teilen Europas gemeinsam ist, und zwar ganz unabhängig davon, ob sie einst von Franken, Slawen oder Wikingern besiedelt waren: Mit der Christianisierung und insbesondere mit der Errichtung von Kirchen entstand eine dauerhafte Ortsbindung, die oft über mehr als 1000 Jahre bis in die heutige Zeit andauert. Stand die Kirche erst einmal im Dorf, so wurde die Siedlung nicht mehr verlegt.

Gleichfalls im Frühmittelalter hatte sich zwischen dem Ostseegebiet auf der einen und Zentralasien, Persien und Byzanz auf der anderen Seite ein weit gespanntes Fernhandelsnetz entwickelt, in das auch die Siedlungen der Wikinger und Slawen eingewoben waren. Händler auf diesen Routen waren oft jüdische und arabische Kaufleute. Gezahlt wurde in erster Linie mit abgewogenem Silber. Jeder Händler führte deshalb eine Feinwaage mit sich, die gleichsam seine Berufsinsignie wurde. Das Silber selbst kam aus weit entfernten Gegenden, nämlich aus Zentralasien, Arabien, Byzanz oder dem Donaugebiet. Im Norden endeten die Handelsrouten in den von Wikingern gegründeten Städten an der südlichen Ostseeküste wie etwa Haithabu. Die Wikinger beherrschten den Seehandel in der Ostsee und gründeten an den Einmündungen wichtiger Flüsse Umschlagplätze für den Warenaustausch mit dem Hinterland der Küste. Insbesondere Haithabu mit seinem großen Hafen war eines der bedeutendsten Handelszentren im Norden. Der Fernhandel jener Zeit erreichte dabei eine wahrhaft ‹globale› Dimension wie selten zuvor in der Geschichte Europas.

Siedlung und Burginsel des slawischen Burgwalls von Groß Raden, Mecklenburg-Vorpommern.

BERLIN-MITTE U5
GR. NR. 1870 FL.5
KÖNIGSTR.50
PL.0-1
BEF. 1063D
LDA 26.10.10

12
Latrinen, Schlachtfelder oder «entartete» Kunst – keine Geschichte ohne Archäologie

Bedarf es noch der Archäologie für das Verständnis jüngerer historischer Epochen?

Es ist noch nicht allzu lange her, da meinte man, die Geschichte des Mittelalters, der Neuzeit und der Moderne wäre ausschließlich mit Hilfe der traditionellen schriftlichen Überlieferung allumfassend zu rekonstruieren. Dies hat sich grundlegend verändert. Die Archäologie vervollständigt inzwischen unser Bild aller Epochen bis zur Zeitgeschichte und fügt ihm wesentliche Facetten hinzu, die uns ohne archäologische Quellen unbekannt geblieben wären. Dabei handelt es sich vielfach um Themen und Lebensbereiche, über welche Schriftquellen nichts berichten – nicht selten, weil deren Autoren darüber nichts berichten wollten. «Bodenarchive» hingegen sind unbestechlich, weil ihr Bestand vielfach zufällig die Zeiten überdauert hat und nicht das Ergebnis interessengesteuerter Selektion ist.

Bergung dreier Bronzeskulpturen der Klassischen Moderne vor dem Berliner Rathaus am 26. Oktober 2010.

Latrinen, Schlachtfelder oder «entartete» Kunst

Die Zeit der Kreuzzüge

Der christliche Glaube hat im Mittelalter auf alle Lebensbereiche prägend gewirkt. Im Rahmen der Kreuzzugsgeschichte, die 1095 mit dem Aufruf Papst Urbans II. auf der Synode von Clermont ihren Ausgang nahm, hat der Glaube halb Europa in Bewegung gesetzt. Damals lautete die Parole, christliche Ritter müssten die Stätten Christi im Heiligen Land aus den Händen der Ungläubigen befreien. Im Gegenzug verhieß der Papst jenen, die sich an den Kreuzzügen beteiligten, den Ablass aller ihrer Sünden. Wie auch immer die Motivlage einzelner Kreuzfahrer ausgesehen haben mag – beantwortete man doch den Appell des Papstes mit dem Ruf «*Deus lo vult*» (Gott will es) –, so sollte es sich zeigen, dass sich zu den spirituellen Gründen auch handfeste materielle Interessen der Kreuzfahrer gesellten, die zu einem Wesenszug dieses Teils der europäischen Geschichte wurden. Im Zuge von Ausgrabungen wurden zahlreiche Kreuzfahrerburgen an der Küste Palästinas freigelegt; Krak des Chevaliers ist die berühmteste. Sie sind, wenn auch fern der Heimat, einerseits eindrucksvolle Zeugnisse der spätgotischen Festungsbaukunst in Reinform, andererseits Belege einer frühen Form des mitteleuropäischen Imperialismus. Die Gräueltaten, die mit den Kreuzzügen einhergingen, hat die muslimische Welt nie vergessen, sie konnten selbst ins Argumentationsarsenal verbrecherischer Islamisten der Gegenwart Eingang finden. Der Kampf um das Heilige Land ist mithin keine Erscheinung des 20. Jahrhunderts, die mit der Gründung des Staates Israel einhergeht, sondern er reicht rund ein Jahrtausend in die Vergangenheit zurück.

Waren Kreuzfahrer ihrem Selbstverständnis nach Wallfahrer in Waffen, so fügten sie sich damit ohne Weiteres in ein gesamtgesell-

schaftliches Phänomen ein, denn das Pilgerwesen erscheint im Rückblick geradezu als der Massentourismus des Mittelalters. Je attraktiver ein Pilgerort, umso mehr Menschen strömten dorthin und mussten verpflegt und untergebracht werden. Dies war ein wesentlicher Faktor für die Entwicklung mittelalterlicher Städte. Immer neue Wallfahrtsorte blühten auf, und ihr Angebot lässt sich durchaus vergleichen mit dem, was uns an vielen Nah- und Fernreisezielen der heutigen Touristikbranche erwartet, zu denen die traditionsreichen Pilgerorte im Übrigen auch noch immer zählen. Ein besonders beliebtes Ziel war der galicische Wallfahrtsort Santiago de Compostela mit dem Grab des Apostels Jacobus des Älteren. Nicht minder begehrte Destinationen waren die Apostelgräber in Rom und Jerusalem. Wer auf Pilgerschaft war, trachtete danach, Souvenirs in seine Heimat zurückzubringen. Solche Andenken wurden an der Kleidung angebracht, um den Pilger auf dem

Die Kreuzritterburg von Krak des Chevaliers in Syrien wurde seit 1142 von den Johannitern ausgebaut, 1271 aber von den Mameluken erobert.

Weg zu schützen und gelegentlich auch in den Genuss kostenloser Verpflegung kommen lassen. Das Erkennungszeichen für die Wallfahrt nach Santiago de Compostela war dabei die Muschel, als Icon im Mittelalter in ganz Europa verbreitet.

Quellen zur Stadtgeschichte, die nicht verbrennen

So konnte ein Heiligengrab im Mittelalter eine wahre *Boomtown* entstehen lassen. Doch gab es viele Faktoren, die bei der Gründung und Entwicklung einer Stadt eine Rolle spielten: günstige Verkehrslage, Flussfurten oder natürliche Hafensituationen, weltliche wie kirchliche Verwaltungszentren, bedeutende Märkte oder attraktive Rohstoffangebote. Der Ausbau der Städte wurde im Laufe der Jahrhunderte im Rahmen eines umfassenden Kanzlei- und Archivwesens dokumentiert, in dem jedes noch so kleine Detail aufgezeichnet wurde. Wozu aber bedarf es dann heute noch der Archäologie, um die Geschichte einer Stadt zu erforschen? Nun, während im Alten Orient Aufzeichnungen auf Tontäfelchen vorgenommen wurden, die bei einer Brandkatastrophe aushärteten und erhalten blieben, so dass sie heute wieder gelesen werden können, gingen in späteren Epochen städtische Urkunden, Personen- und Hausregister, die auf Pergament und Papier geschrieben wurden, einfach in Flammen auf, wenn ein Feuer ausbrach; und damit verschwand gleichsam das Gedächtnis der Stadt. Das gilt aber nicht nur für das Mittelalter und die frühe Neuzeit, sondern auch für das 20. Jahrhundert – man denke nur an die enormen Verluste im Ersten und Zweiten Weltkrieg. Archäologische Ausgrabungen sind deshalb vielfach die einzige Quelle zur Rekonstruktion bestimmter Phasen einer Stadtgeschichte.

Hinzu kommt, dass die ältesten Kataster – die Verzeichnisse der Liegenschaften – des 18. und frühen 19. Jahrhunderts meist nur den Endzustand mittelalterlicher Städte dokumentieren, nicht jedoch die städtebauliche Entwicklung bis zu diesem Zeitpunkt. So wissen wir beispielsweise nur dank der Archäologie, dass die Stadt Konstanz bis weit ins Hochmittelalter ihr Stadtgebiet vom Uferbereich aus in den Bodensee hinein ausweitete, indem man dort immer wieder neue Areale aufschüttete. Auf diese Weise konnte die Siedlungsfläche vergrößert werden, ohne dass dem städtischen Bürgertum eine finanzielle Mehrbelastung für die Erweiterung der Verteidigungsringe aufgebürdet werden musste; die aber wäre unumgänglich gewesen, wenn man die Stadt auf der Landseite ausgebaut hätte.

Stadtluft macht frei – und ist gefährlich

Seit dem Mittelalter zog es immer mehr Menschen in die Städte, die mit zahlreichen Vorzügen lockten; hier mögen als Stichworte genügen: Schutz, Freiheit (vor den Nachstellungen des Leibherrn), Unterhaltung. Es kam tatsächlich zu enormen Abwanderungsbewegungen aus dem ländlichen Raum in die Städte, was dort die Überbevölkerung mit all ihren negativen Begleiterscheinungen verstärkte und auf dem Land zu Wüstungen ganzer Dörfer, aber auch zur Aufgabe von Klöstern führte. So musste beispielsweise das Kloster Dahlheim bei Paderborn im 14. Jahrhundert von den Mönchen verlassen werden, weil die Menschen aus dem Umland in die Städte zogen. Das Kloster verfiel und wurde erst in den letzten Jahren wieder freigelegt und restauriert. Auch der großzügigste Grundbesitz nützt nichts, wenn keine Menschen zur Bewirtschaftung zur Verfügung stehen. Doch auch die Verschlechterung des

Klimas, die so genannte kleine Eiszeit seit Beginn des 15. Jahrhunderts, zwang viele Bauernfamilien, ihre Dörfer zu verlassen, weil die Erträge einfach nicht mehr zum Überleben ausreichten. Neben solchen Agrarkrisen und Hungersnöten forcierten Fehden, Kriege oder Überschwemmungen die Landflucht. Die Menschen aber, die das Land verließen, zogen in die Städte.

Eine der Kehrseiten des zunehmenden städtischen Lebens waren dicht an dicht stehende Häuser mit mehreren Stockwerken, Beengtheit und hygienischen Verhältnissen, die immer problematischer wurden, je mehr Menschen in die Städte drängten. Diese Wohn- und Lebenssituation begünstigte den Ausbruch von Krankheiten, die sich zu Epidemien auswachsen konnten. Wer jemals Giovanni Boccaccios Einleitung in «Il Decamerone» gelesen hat, in der er den Ausbruch und das Wüten der Pest in Florenz im Jahr 1348 beschreibt, weiß, welches Grauen damit für die Stadtbevölkerung verbunden war. Diese Seuche des Spätmittelalters suchte vor allem die Städte heim und forderte gerade in diesen Ballungsräumen zahllose Todesopfer – Europa verlor damals mehr als ein Drittel seiner Bevölkerung. Die Beulenpest – der sprichwörtliche «Schwarze Tod» – verbreitete sich in erster Linie aufgrund mangelnder Hygiene; die Überträger waren Rattenflöhe, die, als ihre kleinen Wirte an der Seuche starben, auf Menschen übersprangen und diese infizierten. Gerade um sich über die in diesem Zusammenhang so wichtigen hygienischen Verhältnisse und gesundheitlichen Zustände in den damaligen Städten ein klareres Bild zu verschaffen, bedarf es der modernen Stadtarchäologie. Für sie bilden Latrinen und Abfallgruben wahre «Schatztruhen». Die dort erhaltenen Ablagerungen lassen unter dem Mikroskop neben Speiseresten beispielsweise auch Wurm- und Leberegeleier und vieles mehr zum Vorschein kommen, was einem den Atem stocken lässt. Aber keine Urkunde oder Aufzeichnung unserer Archive berichtet über Parasitenbefall und Hygienemängel, obwohl diese den Alltag in den mittelalterlichen und frühneuzeitlichen Städten ganz entscheidend prägten. Wer also etwas über das wirkliche Leben der Stadtbevölkerung erfahren will, kommt schwerlich ohne die Forschungen und Ergebnisse der Stadtarchäologie aus.

Die Archäologie hilft aber auch, beispielsweise die Multikulturalität der mittelalterlichen und (früh-)neuzeitlichen Städte zu erfassen. Dort finden sich regelmäßig Quartiere für die jüdische Bevölkerung – die so genannten Ghettos, benannt nach dem betreffenden Viertel in Venedig. Ihren Kern bilden meist einige Gebäude jüdischer Kaufleute; mit dem Bevölkerungswachstum kamen Einrichtungen wie Synagogen hinzu, und im Umland solcher Städte finden sich dann auch jüdische Friedhöfe. Das Verhältnis zwischen Juden und den übrigen Bewohnern der Städte war nicht selten prekär. Gerade zur Zeit der Kreuzzüge oder auch als eine besonders schreckliche Folge der Pestepidemie kam es im 14. Jahrhundert zu Judenverfolgungen; oft genug aber bedurfte es gar keiner haltlosen Beschuldigungen (Brunnenvergifter!), sondern mitunter veranlasste auch schiere Geldgier Fürsten und christliche Bürger zu Pogromen gegen die jüdische Bevölkerung. Selbst diese Verfolgungen haben ihre Spuren hinterlassen, die mit Hilfe der Archäologie aufgefunden, erhellt und in die Geschichte eingeordnet werden können. So machte man in den alten Judenvierteln vieler deutscher Städte gerade aus der Zeit während der Pestepidemie im 14. Jahrhundert auffallend viele Schatzfunde mit Silbergefäßen, Edelmetallschmuck und Münzen. In der Hoffnung, die Pogrome zu überleben, waren diese Gegenstände von ihren Eigentümern vergraben worden. Doch auch, wenn sich diese Hoffnung offensichtlich nicht erfüllt hat, so dass die Schätze nicht von ihren Eigentümern später wieder ausgegraben werden konnten, fielen sie zumindest nicht in die Hände ihrer Verfolger. Was dies betrifft, so

Schatzfund aus dem jüdischen Viertel von Erfurt (14. Jh.).

waren Jahrhunderte später die Schergen und Nutznießer des NS-Staates effektiver, wenn es darum ging, sich selbst die Kunstschätze jüdischer Mitbürger anzueignen, sie in Museen zu verfrachten oder ins Ausland zu verhökern.

Die Welt der Burgen und Ritter

Doch zurück ins Hochmittelalter! Die hochmittelalterlichen Adelsburgen waren Herrschafts- und Wirtschaftsmittelpunkte zugleich. Das Recht, Burgen zu erbauen, lag seit dem Frühmittelalter beim König. Er konnte es freilich Vasallen übertragen, und seit dem 11. Jahrhundert ging es vermehrt an Herzöge und Grafen, so dass der Herrscher sein Burgenbauregal nach und nach preisgab. In Grenzgebieten sollten Burgen insbesondere als Wehrsiedlungen das Eindringen fremder Heere verhindern. Mit Hilfe der Burgen versuchte der Adel, seine Machtstellung zu stärken und Einfluss auf bestimmte Handwerkszweige wie Eisen- oder Salzproduktion zu nehmen, in dem er das Handwerk in den Schutz der Befestigungen zog. In der Stauferzeit des 12. und 13. Jahrhunderts erreichten Burgenbau und höfische Ritterkultur ihren Höhepunkt. Da die Burgherren das alleinige Verfügungsrecht über die Güter aus ihrem Produktionsbereich beanspruchten, waren sie nicht nur Ritter, sondern zugleich auch Großunternehmer. Ihre Untertanen waren verpflichtet, Abgaben – zunächst in Naturalien, später in Geld – und Dienstleistungen unterschiedlicher Art für den Burgherrn zu erbringen – etwa bei Baumaßnahmen helfen oder Arbeiten auf den herrschaftlichen Äckern verrichten. Als nun im ausgehenden Mittelalter durch die waffentechnischen Entwicklungen – schließlich auch durch das Aufkommen der Landsknechtsheere – die alten Ritterheere an Bedeutung verloren, während die Einnahmen des Adels aus den Abgaben zurückgingen und zugleich die Ausgaben für Waffen, Kleidung, Pferde und Lebenshaltung stiegen, vermochte mancher Adlige nicht länger seine Aufwendungen zu finanzieren. Eine Folge war die Entstehung des Raubrittertums, das durch Überfälle und Erpressungen mitunter den Frieden der Städte, der Herzogtümer und des Reiches störte. Nicht zuletzt gegen diese Störer waren die mittelalterlichen Landfriedensordnungen gerichtet, durch die Übergriffe gegen schutzbedürftige Sachen (etwa Kirchen und Mühlen) und Personengruppen (beispielsweise Geistliche und Kaufleute) unter Strafe gestellt und hoheitlich verfolgt wurden.

Der Einsatz von Feuerwaffen in Europa setzte im frühen 14. Jahrhundert bald nach der Erfindung des Schwarzpulvers ein. Die Geschütze, die nun wirksam bei der Erstürmung von einstmals uneinnehmbar scheinenden Herrensitzen eingesetzt werden konnten, waren

Her walther von klingen. ·xviij·

ein wichtiger Faktor, weshalb die hochmittelalterliche Adelsburg an Bedeutung verlor, und sind zugleich ein Indikator für das herannahende Ende des Mittelalters. So wurde beispielsweise die Burg Bommersheim bei Oberursel im Taunus im Jahre 1382 vom Rheinischen Städtebund unter Leitung der Stadt Frankfurt unter massivem Einsatz von Feuerwaffen zerstört, weil man nicht gewillt war, die von dort ausgehende Raubritterei länger hinzunehmen. Die Burg wurde dem Erdboden gleichgemacht, ihr Inventar in den Burggraben gekippt. Dort sollte es fast genau 600 Jahre später von Archäologen wiederentdeckt werden, die insbesondere dank der im feuchten Boden des Burggrabens günstigen Erhaltungsbedingungen wichtige Erkenntnisse über die Lebensverhältnisse (Geschirr, Bekleidung, Waffen) der einstigen Burgbewohner gewinnen konnten. Eine Folge des Niedergangs der Adelsburgen war der Zusammenbruch der kleinräumigen Herrschaftsbereiche, die von großräumigen politischen Territorialeinheiten abgelöst wurden. Die Archäologie stellt ein umso wichtigeres Korrektiv für unsere Vorstellungen von Burgen und vom Leben in den Burgen dar, als die deutsche Burgenromantik des 19. Jahrhunderts das Bild vom Mittelalter und seinen Herrensitzen verzerrte und verzeichnete.

Die große Heidelberger Liederhandschrift – der Codex Manesse aus dem frühen 14. Jahrhundert – hat unter anderem auch dieses Beispiel für Ritterspiele und höfisches Leben der Stauferzeit bewahrt; die Seite zeigt Walther von Klingen (1240–1282) beim Tjost, dem Zweikampf zu Pferde mit eingelegter Lanze.

Die Unterwerfung der Neuen Welt im Spiegel der Archäologie

Der Streit um starre Epochengrenzen ist müßig und meist eine Frage individueller Neigung und Schwerpunktsetzung. Doch gibt es für den Übergang vom Mittelalter zur frühen Neuzeit immerhin ein paar harte Fakten und Ereignisse, die eine echte Zeitenwende anzeigen. Die Erfindung des Buchdrucks mit beweglichen Lettern durch Johannes Gutenberg in der Zeit um 1450, die Entdeckung Amerikas im Jahr 1492 durch

Christoph Kolumbus und der Beginn der Reformation Martin Luthers (1517) markieren weltgeschichtlich bedeutende Zäsuren. Diese Ereignisse veränderten unbestreitbar die Welt und wirken bis heute nach. Hatte der Nürnberger Martin Behaim 1492 einen Globus – den ältesten bis heute erhaltenen – geschaffen, auf dem Amerika noch fehlt, so schuf nur 15 Jahre später der Radolfzeller Kartograf Martin Waldseemüller einen Globus, auf dem *America* eingezeichnet ist. Durch die Entdeckung Amerikas geriet mithin erstmals der ganze Globus ins Blickfeld. Wie rasch die Bedeutung der Neuen Welt in der Alten Welt erkannt wurde, belegt heute eindrucksvoll die Unterwasserarchäologie. Sie stößt immer wieder vor den Küsten Zentralamerikas und der Karibikinseln auf Wracks von Karavellen und anderen Schiffen aus der Zeit des 15. bis 18. Jahrhunderts. Deren Fracht erhellt schlaglichtartig und oft auf faszinierende Weise die zunehmend wichtige Rolle, die Amerika schon bald nach seiner Entdeckung für die Versorgung Europas mit Edelmetallen und anderen Rohstoffen spielte.

Opfer europäischer Gier nach Gold wurden die Ureinwohner Amerikas. Die Geschichte der Azteken im Hochland von Mexiko und des Inkareichs in den Zentralanden zeigt, was geschieht, wenn zwei völlig unterschiedliche Welten, die sich über Jahrtausende ohne Kenntnis voneinander entwickelt haben, aufeinanderprallen. Eine Handvoll spanischer Konquistadoren genügte, um mit Reiterei und Feuerwaffen ganze Reiche auszulöschen. Die von den Europäern eingeschleppten Krankheiten besorgten den Rest. Die Eroberung Amerikas war keine einmalige Akkulturationsleistung, sondern die brutale Vernichtung ganzer Zivilisationen. Die archäologischen Ausgrabungen dokumentieren heute nicht nur das Werden und die Entwicklung dieser Hochkulturen, sondern auch ihren Untergang. Unter diesem Gesichtspunkt ist die Leistung der Archäologie grundsätzlich auch nicht nur antiquarisch zu

Die in den Hochanden gelegene Inka-Stadt von Machu Picchu aus dem 15. Jahrhundert.

sehen, sondern mündet letztlich stets im Appell zum respektvollen Umgang in der Begegnung mit dem Fremden.

Archäologische Ausgrabungen können darüber hinaus zur Verortung von historischen Ereignissen und Personen beitragen. Während in Amerika nämlich die Reiche der Azteken und Inka ausgelöscht wurden, schlug in Wittenberg ein Mann namens Martin Luther seine revolutionären Thesen an eine Kirchentür. Der bedeutende Reformator wurde 1483 in Eisleben geboren, und 1693 errichtete man an der Stelle seines angeblichen Geburtshauses ein Memorialgebäude, wo man seiner Geburt gedenken sollte. Es ist dadurch gleichsam das älteste Museum Deutschlands und seit 1996 Teil des UNESCO-Welterbes. Allerdings wurde es erst 200 Jahre nach der Geburt des Reformators errichtet. Bei Ausgrabungen im Inneren des Memorialgebäudes wurden inzwischen die Reste einer Brandruine aus der Zeit um 1500 entdeckt. Vieles spricht dafür, dass es sich bei diesem verbrannten Vorgängerbau um das eigentliche Luther-Geburtshaus handelte, dessen Ruine beim Bau des Memorialgebäudes 1693 abgetragen wurde. Die Ausgrabungen im weiteren Umfeld des Gebäudes ergaben, dass Luther in ein vorstädtisches Milieu geboren wurde, das handwerklich geprägt war. Das Haus selbst gehörte übrigens nicht der Familie Luther, vielmehr hatte sie es nur zur Zeit von Martins Geburt für einige Wochen aufgesucht, ehe sie nach Mansfeld weiterzog.

Die Archäologie der Schlachtfelder und Gefangenenlager

Eine besonders spektakuläre Quellengattung der Mittelalter- und Neuzeitarchäologie bilden natürlich immer die so genannten Schatzfunde. Ihre Zusammensetzung kann von einigen wenigen Münzen bis hin zu großen Vermögen mit Schmuck und Geschirr aus Edelmetall reichen. Die Orte, wo einst die Schätze verborgen wurden, sind genauso vielfältig wie ihre Zusammensetzung und Schicksale. Meist zeugen sie von der Tragödie ihrer ehemaligen Besitzer. Gerade etwa während des Dreißigjährigen Krieges (1618–1648) wurden im großen Stil Münzen, Hausrat, Schmuck und Tafelgeschirr versteckt, was angesichts der drei Jahrzehnte währenden Verheerungen und Plünderungen durch marodierende Söldnertruppen nicht überrascht. Immer wieder gelingt es den Archäologen, solche Versteckfunde genau zu datieren und mit konkreten Kriegszügen oder Belagerungen in Zusammenhang zu bringen. Auch die systematische archäologische Untersuchung von Schlachtfeldern ist in den letzten Jahren forciert worden. Dabei können vielfach historische Überlieferungen zur Rekonstruktion des Kampfgeschehens und des Kampfverlaufs erheblich ergänzt und in Teilen sogar korrigiert werden. Die Erforschung von Massengräbern des Dreißigjährigen Krieges wie auch aus der Zeit der napoleonischen Kriege erhellen beispielsweise die ethnische und altersmäßige Zusammensetzung der am Kampfgeschehen beteiligten Heere. In den Feldlagern lebten zahllose Menschen, überwiegend Männer, monatelang auf engstem Raum zusammen; solche Camps konnten Ausmaße kleiner provisorischer Städte annehmen. Ihre materiellen Überreste erlauben uns, spannende Einblicke in das Leben und Treiben eines solchen sehr spezifischen temporären Städtchens zu nehmen.

Von besonderer Bedeutung ist die Archäologie der beiden Weltkriege des 20. Jahrhunderts. Ihre Ergebnisse sind angesichts der Geschichte, deren Folgen uns bis heute nicht loslassen, regelmäßig von historischer Tragweite. Über den Verlauf der Kämpfe selbst ist nämlich oft viel weniger überliefert, als gemeinhin angenommen wird. Bisweilen widersprechen sich die Quellen auch, so dass die Archäologie korrigierend eingreifen kann. Neben der Dokumentation von Stellungen, Schützengräben und Bunkersystemen geht es dabei auch um Einblicke in den Alltag der Betroffenen, die unter extremsten Lebensbedingungen existieren mussten, von denen wir uns ohne archäologische Konkretisierungen kaum einen zutreffenden Begriff machen könnten.

Für die Geschichte des 20. Jahrhunderts nicht weniger wichtige Fundorte stellen die Kriegsgefangenenlager dar. Auf diesen Arealen fördern Ausgrabungen Reste von Gebäuden, Gräben und Zäunen zu Tage, wodurch Struktur und Größe solcher Anlagen besser vorstellbar werden. Fundstücke erlauben, Einblicke zu gewinnen in das Alltagsleben, die Versorgung und die Lebensumstände – und immer noch helfen persönliche Gegenstände von Gefangenen mit Namensinschriften und Erkennungsmarken bei der Klärung der Schicksale Einzelner.

Die Rettung der Erinnerung durch die Archäologie

Das Gleiche gilt für die Rekonstruktion des Lebens von Zwangsarbeitern, die beispielsweise in Rüstungsbetrieben wie auf dem Tempelhofer Flugfeld in Berlin zur Arbeit für den Feind gepresst wurden. Dort stießen Archäologen auf Baracken für Zwangsarbeiter, die zur Überholung von Kampfflugzeugen eingesetzt wurden. Neben deren Baracken hatte man einfache Splitterschutzgräben angelegt, um die Gefangenen vor alliierten Bombenangriffen zu schützen – freilich nicht aus humanitären Erwägungen, sondern um ihre Arbeitskraft zu erhalten. Gerade am Flughafen Tempelhof ist es wichtig, auch diese dunkle Seite in der Geschichte des Ortes aufzuklären und zu dokumentieren, weil der Ort durch die Zeit der Luftbrücke 1948/49 für uns Nachgeborene zum Sym-

Ausgrabungen im ehemaligen Konzentrationslager von Flossenbürg, Bayern: die so genannte Todesrampe.

bol der Freiheit schlechthin wurde. Doch gerade deshalb dürfen die verstörenden Teile der Geschichte dieses Ortes nicht überblendet, dürfen seine Opfer nicht vergessen werden – auch dazu leistet die Archäologie heute ihren Beitrag.

Nicht anders verhält es sich mit den Vernichtungs- und Konzentrationslagern der Nationalsozialisten. Diese hatte man nach Kriegsende vielfach in Teilen bereits abgerissen, ehe ihre Bedeutung für unsere Erinnerungskultur erkannt wurde. Heute werden einige Gebäude sogar wieder rekonstruiert, und die Archäologie hilft dabei. Ausgrabungen liefern oft eine wichtige Basis für die Ausgestaltung dieser Orte als Gedenkstätten für die Opfer des NS-Terrors. Immer wieder finden sich auch Gruben mit dem verscharrten Besitz Ermordeter und erhellen das Schicksal Einzelner. So kann man sich um eine Annäherung an die Opfer bemühen, um ihnen in der Erinnerung wieder ein wenig der Würde zurückzugeben, derer sie ein verbrecherisches Regime systematisch beraubt hat. Auf diese Weise ist die Arbeit der Archäologie auch und gerade für die Vermittlung der unfassbaren Dimension der NS-Verbrechen von großer Bedeutung. Dies gilt umso mehr, wenn auch noch belastende Unterlagen geborgen werden können, welche Schergen und Organisatoren des Holocausts in der letzten Phase des «Dritten Reiches» zu verbrennen suchten, um ihre Verantwortung zu verschleiern, was ihnen aber mitunter in der Eile nur unvollständig gelang.

Archäologie fördert «entartete Kunst» wieder ans Licht

Ein spektakulärer Fund gelang 2010 bei Ausgrabungen vor dem Berliner Rathaus. Vor dem Zweiten Weltkrieg stand dort ein dicht bebautes Stadtviertel der Gründerzeit, darunter lagen die Reste des mittelalterlichen

Aus dem Skulpturenfund so genannter entarteter Kunst vor dem Berliner Rathaus: Bildnis der Anni Mewes von Edwin Scharff (1921).

Berliner Rathauses. Im Keller des Hauses Königstraße 50 (heute Rathausstraße) direkt gegenüber dem Roten Rathaus konnte man Skulpturen der Klassischen Moderne aus dem Trümmerschutt bergen. Die Kunstwerke aus Bronze und Ton sind unterschiedlich gut erhalten. Sie alle stammen ursprünglich aus verschiedenen deutschen Museen und wurden im Jahre 1937 vom NS-Regime im Zuge der Aktion «Entartete Kunst» beschlagnahmt. Viele dieser Arbeiten von Otto Braun, Otto Freundlich, Emy Roeder, Edwin Scharff und anderen wurden auch in der NS-Wanderausstellung «Entartete Kunst» gezeigt und dienten sogar als Requisiten für den Propagandafilm «Venus vor Gericht». So vermag die Arbeit der Archäologen in diesem Falle einen Teil der Geschichte deutschen Ungeistes zu erhellen und andererseits Werke wieder der Öffentlichkeit zugänglich zu machen, die nach dem Willen der NS-Machthaber auf immer hätten verschwinden sollen. Um sich die Größenordnung dieses NS-Verbrechens an der Kultur klarzumachen, muss man sich vor Augen halten, dass die von den Nazis als «entartet» diffamierte Kunst der Klassischen Moderne ab 1937 den öffentlichen Museen in Deutschland nahezu vollständig entzogen wurde, sofern es nicht gelang, die Werke vor den Nationalsozialisten zu verstecken. Fielen sie ihnen in die Hände, so wurden die Werke ins Ausland verkauft oder zerstört. Die Berliner Nationalgalerie verlor in dieser Zeit über 400 ihrer besten Kunstwerke, viele von ihnen wurden absichtlich verbrannt. Zahlreiche Sammlungen haben sich bis heute nicht von diesem ungeheuren Verlust erholt. Die vielschichtige und auch politisch brisante Suche nach verschollener Kunst dauert an, und so kommt dem «Berliner Skulpturenfund» eine ganz ungewöhnliche Aktualität zu.

Einzigartig ist nicht nur das Ensemble der 16 wiederentdeckten Kunstwerke aus dem Berliner Rathaus, einzigartig sind auch seine Fundumstände und sein historischer Kontext. Denn sofort stellte sich natürlich die Frage, wie diese Kunst in die Königstraße 50 gelangte: Zunächst

führte die Spur in die Kanzlei von Erhard Oewerdieck im 4. Stock des Hauses. Oewerdieck versteckte jüdische Mitbürgerinnen und Mitbürger in seiner Kanzlei und rettete sie so vor dem Holocaust. Da schien es im Rückblick naheliegend, dass er womöglich auch Kunst vor den Nazis in Sicherheit gebracht hatte. Dann aber stieß man später auf Akten, die eindeutig belegten, dass sich im selben Gebäude auch ein Lagerraum des Reichspropagandaministeriums befand. Die Werke dürften dort deponiert gewesen sein, wahrscheinlich zusammen mit Hunderten von Zeichnungen und Gemälden. 1944 kam es schließlich zu jenem vernichtenden Bombenangriff, der das Haus vollkommen zerstörte. Die Holzböden brachen durch, und das gesamte Inventar der darüber befindlichen Geschosse stürzte in den Keller und verbrannte, nur Metall und Keramik hielten den Flammen stand. Ein unglaublicher Befund! Ein Versteck jüdischer Mitbürger und ein Depot des Goebbels-Ministeriums in ein und demselben Haus, quasi Tür an Tür, direkt gegenüber dem Roten Rathaus. Oewerdieck hatte Chuzpe! Und von dieser sagenhaften Konstellation wissen wir nur dank der Archäologie. Die Archäologie ist immer für sagenhafte Geschichten gut, und mit dem Berliner Skulpturenfund ist sie nun endgültig in der Moderne angekommen.

Die massiven Zerstörungen als Folge industriell geführter Kriege der jüngeren Geschichte haben für Archäologen neue Befundsituationen geschaffen, wie etwa bei der Entdeckung «entarteter Kunst» in einem ausgebombten Haus gegenüber dem Roten Rathaus in Berlin deutlich wurde. Die Verheerungen der derzeitigen Kämpfe in Syrien und Irak sind noch gar nicht abzusehen – so wenig wie die Konsequenzen für die Arbeit der Archäologen.

Schlussbetrachtung

Diese in zwölf Kapitel gegliederte Darstellung der Archäologie als Wissenschaft bietet eine ganze Reihe von Einsichten, von denen so manche für den Leser neu, vielleicht gar überraschend sein mag. Dass sich die früheste Geschichte der Menschheit von den ältesten Hominiden, die vor Millionen von Jahren lebten, bis zu den Epochen vor der Erfindung der Schrift ausschließlich mit Hilfe materieller Quellen rekonstruieren lässt, ist allgemein bekannt. Doch auch der Werdegang der ersten Hochkulturen, die bereits Schriftsysteme hervorgebracht hatten – so im Nahen Osten oder in Ägypten –, lässt sich ohne archäologische Forschung nicht wirklich umfassend verstehen. Und erst allmählich setzt sich im Bewusstsein einer breiteren Öffentlichkeit die Erkenntnis durch, dass auch die Erforschung der hochmittelalterlichen und neuzeitlichen Stadtentwicklung, ja selbst der mit schier grenzenlosem Materialeinsatz geführten Kriege des 20. Jahrhunderts und der industriellen Massenvernichtung von Millionen Menschen durch den NS-Staat nicht ohne archäologische Methoden auskommt. So bleibt festzustellen, dass auch zum Verständnis von Zeiten mit überaus reicher schriftlicher und sogar audiovisueller Überlieferung – ja sogar noch der jüngsten Zeitgeschichte – archäologische Ausgrabungen und die Aus-

Flüchtlinge aus Syrien und anderen Ländern werden auf der Berliner Museumsinsel zu Museumsführern ausgebildet.

wertung der dabei zu Tage geförderten Funde und Befunde wichtige Beiträge liefern.

Was selektiv überliefert wurde (ganze Grabausstattungen oder Deponierungen) oder rein zufällig Erhaltenes (in Abfallgruben oder in Brandschichten), bewegliches Gut (Gerätschaften, Keramik, Kleinkunst) oder unbewegliche Denkmäler (Siedlungsstellen, Heiligtümer, Grabstätten) lassen ein enorm facettenreiches Bild der Vergangenheit entstehen. Doch müssen diese Objekte erst zum Sprechen gebracht werden, damit sie uns ihre Geschichte erzählen. In diesem Stadium der Forschung sind die Auswertungsmethoden des Archäologen gefordert, der in allen Fällen erst einmal den Kontext der Dinge, also den lokalen historischen Zusammenhang herzustellen versucht, aus dem die Objekte stammen, ehe er weitergehende Schlussfolgerungen ziehen kann. Bei der Auswertung spielen inzwischen naturwissenschaftliche Methoden eine immer wichtigere Rolle, wie die enge Kooperation mit Geophysikern oder Klimahistorikern zeigt. Auch Dendrochronologie und Paläogenetik sind aus der Archäologie gar nicht mehr wegzudenken, ja der Austausch mit Spezialisten aus diesen Disziplinen bestimmt den Alltag archäologischer Forschung mehr und mehr. Letztendlich muss es stets darum gehen, das Bild der Vergangenheit möglichst vollständig nachzuzeichnen. Dies gelingt jedoch nur, wenn sich möglichst viele der verfügbaren Mosaiksteine identifizieren und zusammensetzen lassen. Dabei kommen aber nicht nur immer wieder neue Facetten bereits bekannter historischer Sachverhalte und Phänomene zum Vorschein, sondern oft genug können neue Forschungsergebnisse unsere Kenntnis von bestimmten Epochen in einzelnen Kulturräumen vollständig auf den Kopf stellen. Dies macht die besondere Faszination der Archäologie aus.

Natürlich ist die Archäologie aber auch immer noch eine Wissenschaft, die von ihren großen Entdeckungen lebt – das galt für ihre Frühzeit vor über hundert Jahren und gilt heute im modernen, von Naturwissenschaften geprägten Forschungsalltag immer noch. Gleichgültig, ob es sich um die Entdeckung Trojas durch den von den Schriften Homers faszinierten Autodidakten Heinrich Schliemann oder um die gerade noch dem illegalen Antikenhandel entrissene Himmelsscheibe von Nebra mit der weltweit ältesten Darstellung des Firmaments handelt – es sind immer auch solche so genannten Sensationen, die spannende Geschichten schreiben. Es sind dies Geschichten von vergangenen Kulturen, aber auch von Forscherpersönlichkeiten, von wissenschaftlicher Neugierde und Besessenheit, von Glück und Zufall, von Erfolg und Misserfolg. Vielleicht ist es gerade auch diese Komponente mit ihrem Hauch von Abenteuerromantik, die die Archäologie für die interessierte Öffentlichkeit außerhalb der Fachkreise so attraktiv macht – abgesehen von der Frage, die jeden denkenden Menschen beschäftigt: Wo kommen wir her und wie sind wir zu dem geworden, was wir heute sind?

Darüber hinaus hat die Archäologie eine enorme gesellschaftliche Bedeutung – in positiver wie in negativer Hinsicht. Darin liegt der Grund, warum die Politik, seit es diese Wissenschaft gibt und man ihre Potentiale erkannt hat, immer wieder versucht hat, sie zu instrumentalisieren. Heute bieten die in Museen gezeigten Hinterlassenschaften fremder und vergangener Kulturen vielfältige Möglichkeiten, Zusammenhänge und Parallelen zwischen Kulturen aufzuzeigen, zivilisatorische Leistungen auch jenseits des Mittelmeerraums und Europas verständlich zu machen. Sie liefern Denkanstöße, sich mit der langen Geschichte von Phänomenen wie Klimawandel oder Migrationsbewegungen auseinanderzusetzen und zu erkennen, dass es sich dabei um anthropologische Grundkonstanten handelt, die nicht erst in unseren Tagen prägend und einschneidend wirksam geworden sind. So kann archäologische Forschung in besonderer Weise dazu beitragen, Wissen und Bildung zu vermitteln, sich selbst und die Welt besser zu verstehen und den Respekt zwischen den Kulturen zu fördern. Darin sehe ich nicht zuletzt die ungemein humane Aufgabe der Archäologie. Und wenn im Jahre 2016 auf der Berliner Museumsinsel Flüchtlinge aus Syrien und anderen Ländern zu Museumsführern ausgebildet werden, dann zeigt das einmal mehr, dass die archäologische Wissenschaft, ihre Institutionen und die Menschen, die sie tragen, heute mehr denn je mitten im Leben stehen.

Anhang

Literatur

1 Einleitung in die Archäologie als Wissenschaft

A. Borbein/T. Hölscher/P. Zanker (Hrsg.), Klassische Archäologie. Eine Einführung (Berlin 2000).

H. J. Eggers, Einführung in die Vorgeschichte (München 1974).

M. K. H. Eggert/S. Samida, Ur- und frühgeschichtliche Archäologie (Tübingen, Basel 2009).

U. Halle, Graben für Germanien (Stuttgart 2013).

K.-W. Haupt, Johann Winckelmann. Begründer der klassischen Archäologie und modernen Kunstwissenschaften (Weimar 2014).

A. Hauptmann/V. Pingel (Hrsg.), Archäometrie. Methoden und Anwendungsbeispiele naturwissenschaftlicher Verfahren in der Archäologie (Stuttgart 2008).

G. Kossack, Prähistorische Archäologie in Deutschland im Wandel der geistigen und politischen Situation. Sitzungsberichte der Bayerischen Akademie der Wissenschaften 4 (München 1999).

A. Leube (Hrsg.), Prähistorie und Nationalsozialismus: Die mittel- und osteuropäische Ur- und Frühgeschichtsforschung in den Jahren 1933–1945 (Heidelberg 2002).

H. Mommsen, Archäometrie. Neuere naturwissenschaftliche Methoden und Erfolge in der Archäologie (Stuttgart 1986).

J. Street-Jensen, Christian Jürgensen Thomsen und Ludwig Lindenschmit. Eine Gelehrtenkorrespondenz aus der Frühzeit der Altertumskunde (1854–1864). Beiträge zur Forschungsgeschichte. Römisch-Germanisches Zentralmuseum, Monographien 6 (Bonn 1985).

C. Ulf (Hrsg.), Der neue Streit um Troia. Eine Bilanz (München ^{2}2004).

G. A. Wagner (Hrsg.), Einführung in die Archäometrie (Berlin, Heidelberg, New York 2007).

2 Die Frühzeit des Menschen

J. L. Arsuga, Der Schmuck des Neandertalers. Auf der Suche nach den Ursprüngen des menschlichen Bewusstseins (Hamburg, Wien 2003).

B. Auffermann/J. Orschiedt, Die Neandertaler. Auf dem Weg zum modernen Menschen (Stuttgart 2006).

A. Bick, Steinzeit (Stuttgart 2006).

G. Bosinski, Urgeschichte am Rhein (Tübingen 2008).

N. J. Conard (Hrsg.), When Neanderthals and Modern Humans Met (Tübingen 2006).

F. Facchini, Die Ursprünge der Menschheit (Stuttgart 2006).

K. E. Fleagle/J. G. Leakey (Hrsg.), The Palaeobiology of Australopithecus (Dordrecht 2013).

R. E. Green/J. Krause/A. W. Briggs/T. Maricic/U. Stenzel/M. Kircher/M. Patterson, A Draft Sequence of the Neandertal Genome. Science 328, 2010, 710–722.

H. Meller (Hrsg.), Elefantenreich. Eine Fossilwelt in Europa. Begleitband zur Sonderausstellung im Landesmuseum für Vorgeschichte Halle/Saale (Halle/Saale 2010).

H. Parzinger, Die Kinder des Prometheus. Eine Geschichte der Menschheit vor der Erfindung der Schrift (München ^{4}2015).

R. Potts, Early Hominid Activities at Olduvai (New York 1988).

F. Schrenk, Die Frühzeit des Menschen. Der Weg zum Homo sapiens (München ^{5}2008).

F. Schrenk/S. Müller, Die Neandertaler (München ^{2}2010).

G. A. Wagner/H. Rieder/L. Zöller/E. Mick (Hrsg.), Homo heidelbergensis. Schlüsselfund der Menschheitsgeschichte (Stuttgart 2007).

3 Kulturelle Modernität weltweit

G. Bosinski, Die große Zeit der Eiszeitjäger – Europa zwischen 40 000 und 10 000 v. Chr. Jahrbuch des Römisch-Germanischen Zentralmuseums Mainz 34, 1987, 3–139.

G. Bosinski, Urgeschichte am Rhein (Tübingen 2008).

Eiszeit. Kunst und Kultur. Begleitband zur Großen Landesausstellung Eiszeit – Kunst und Kultur im Kunstgebäude Stuttgart (Ostfildern 2009).

C. Gamble, The Palaeolithic Societies of Europe (Cambridge 1999).

J. Hahn, Die Geissenklösterle-Höhle im Achtal bei Blaubeuren. Forschungen und Berichte zur Vor- und Frühgeschichte in Baden-Württemberg 26 (Stuttgart 1988).

P. Hiscock, The Archaeology of Ancient Australia (London 2008).

J. Hoffecker/S. A. Elias, Human Ecology of Beringia (New York 2007).

P. Lieberman, Uniquely Human: The Evolution of Speech, Thought, and Selfless Behaviour (Cambridge 1991).

M. Lorblanchet, Höhlenmalerei – Ein Handbuch (Stuttgart 2000).

Mensch, Mammut, Eiszeit – Vom Leben in der Kälte, Großwildjägern und früher Kunst. Spektrum der Wissenschaft Spezial (Heidelberg 2006).

H. Müller-Beck/G. Albrecht, Die Anfänge der Kunst vor 30 000 Jahren (Stuttgart 1987).

H. Parzinger, Die Kinder des Prometheus. Eine Geschichte der Menschheit vor der Erfindung der Schrift (München [4]2015).

K. Tankersley, In Search of Ice Age Americans (Salt Lake City 2002).

T. Terberger/B. V. Eriksen (Hrsg.): Hunters in a Changing World. Environment and Archaeology of the Pleistocene – Holocene Transition (ca. 11 000–9000 B. C.) in Northern Central Europe (Rahden/Westfalen 2004).

4 Sesshaftwerdung und frühe Landwirtschaft

S. Colledge/J. Conolly (Hrsg.), The Origins and Spread of Domestic Plants in Southwest Asia and Europe (Walnut Creek 2007).

I. Hodder, Çatalhöyük: The Leopard's Tale: Revealing the Mysteries of Turkey's Ancient ‹Town› (London 2006).

N. Karul/Z. Eres/M. Özdoğan/H. Parzinger, Aşağı Pınar I. Einführung, Forschungsgeschichte, Stratigraphie und Architektur. Studien im Thrakien-Marmara-Raum 1. Archäologie in Eurasien 15 (Mainz 2003).

I. Kuijt (Hrsg.), Life in Neolithic Farming Communities. Social Organization, Identity, and Differentiation (New York 2000).

C. Lichter (Hrsg.), Anatolien vor 12 000 Jahren: die ältesten Monumente der Menschheit (Karlsruhe 2007).

J. Lüning, Frühe Bauern in Mitteleuropa im 6. und 5. Jahrtausend v. Chr. Jahrbuch des Römisch-Germanischen Zentralmuseums 35, 1989, 27–93.

J. Lüning, Steinzeitliche Bauern in Deutschland (Bonn 2000).

J. Mellaart, Çatal Hüyük. Stadt aus der Steinzeit (Bergisch Gladbach 1967).

M. Özdoğan (Hrsg.), The Neolithic in Turkey (Istanbul 2011).

H. Parzinger, Die Kinder des Prometheus. Eine Geschichte der Menschheit vor der Erfindung der Schrift (München [4]2015).

H. Parzinger/H. Schwarzberg, Aşağı Pınar II. Die mittel- und spätneolithische Keramik. Studien im Thrakien-Marmara-Raum 2. Archäologie in Eurasien 18 (Mainz 2005).

K. Schmidt, Sie bauten die ersten Tempel. Das rätselhafte Heiligtum am Göbekli Tepe (München 2016).

D. Srejović, Lepenski Vir: Menschenbilder einer frühen europäischen Kultur (Mainz 1972).

T. Terberger/D. Gronenborn (Hrsg.), Vom Jäger und Sammler zum Bauern. Die Neolithische Revolution. Archäologie in Deutschland Sonderheft (Stuttgart 2014).

5 Die Basis von Macht und Herrschaft

M. Bartelheim, Die Rolle der Metallurgie in vorgeschichtlichen Gesellschaften. Sozioökonomische und kulturhistorische Aspekte der Ressourcennutzung (Rahden/Westfalen 2007).

M. Egg/K. Spindler (Hrsg.), Kleidung und Ausrüstung der Gletschermumie aus den Ötztaler Alpen. Monographien des Römisch-Germanischen Zentralmuseums Mainz 77 (Regensburg 2008).

A. Fol/J. Lichardus (Hrsg.), Macht, Herrschaft und Gold. Das Gräberfeld von Varna (Bulgarien) und die Anfänge einer neuen europäischen Zivilisation (Saarbrücken 1988).

B. Hänsel (Hrsg.), Mensch und Umwelt in der Bronzezeit Europas (Kiel 1998).

W. Korn, Megalithkulturen in Europa. Rätselhafte Monumente der Steinzeit (Stuttgart 2005).

J. Lichardus (Hrsg.), Die Kupferzeit als historische Epoche. Saarbrücker Beiträge zur Altertumskunde 55 (Bonn 1991).

C. Lichter (Hrsg.), Aufbruch in eine neue Zeit: Europas Mitte um 4000 v. Chr. Ausstellungskatalog Badisches Landesmuseum (Karlsruhe 2010).

A. Lippert/P. Gostner/E. Egarter Vigl/P. Pernter, Leben und Sterben des Ötztaler Gletschermannes. Neue medizinische und archäologische Erkenntnisse. Germania 85, 2007, 1–27.

H. Meller (Hrsg.), Der geschmiedete Himmel. Die weite Welt im Herzen Europas vor 3600 Jahren (Stuttgart 2006).

H. Meller/F. Bertemes (Hrsg.), Der Griff nach den Sternen – Wie Europas Eliten zu

Macht und Reichtum kamen. Tagungen des Landesmuseums für Vorgeschichte Halle/Saale 5 (Halle/Saale 2010).
H. Parzinger, Die Kinder des Prometheus. Eine Geschichte der Menschheit vor der Erfindung der Schrift (München [4]2015).
E. Pernicka, Gewinnung und Verbreitung der Metalle in prähistorischer Zeit. Jahrbuch des Römisch-Germanischen Zentralmuseums 37, 1990, 21–129.
E. Probst, Deutschland in der Bronzezeit. Bauern, Bronzegießer und Burgherren zwischen Nordsee und Alpen (München 1996).
J. Richards, Stonehenge (London 2005).
H. Schlichtherle (Hrsg.), Pfahlbauten rund um die Alpen. Archäologie in Deutschland Sonderheft (Stuttgart 1997).

6 Frühe Reiche im Nahen Osten

G. Algaze, The Uruk World System: The Dynamics of Expansion of early Mesopotamian civilization (Chicago 1993).
K. A. Bard, From Farmers to Pharaohs (Sheffield 1994).
K. A. Bard (Hrsg.), Encyclopedia of the Archaeology of Ancient Egypt (London 1999).
R. Matthews, The Early Prehistory of Mesopotamia. 500,000–4,500 BC (Turnhout 2000).
L. D. Morenz, Bild-Buchstaben und symbolische Zeichen: Die Herausbildung der Schrift der hohen Kultur Altägyptens. Orbis Biblicus et Orientalis 205 (Fribourg 2004).
H. J. Nissen, Grundzüge einer Geschichte der Frühzeit des Vorderen Orients (Darmstadt [2]1995).
H. J. Nissen, Geschichte Altvorderasiens. Oldenbourg Grundriss der Geschichte 25 (München 1999).
H. Parzinger, Die Kinder des Prometheus. Eine Geschichte der Menschheit vor der Erfindung der Schrift (München [4]2015).
J. N. Postgate, Early Mesopotamia: Society and Economy at the Dawn of History (London 1992).
M. S. Rothman (Hrsg.), Uruk Mesopotamia & Its Neighbors: Cross-Cultural Interactions in the Era of State Formation (Santa Fé 2001).
F. Seyfried (Hrsg.), Im Licht von Amarna. 100 Jahre Fund der Nofretete (Berlin 2012).
I. Shaw (Hrsg.), The Oxford History of Ancient Egypt (Oxford 2003).

E. Strommenger, Habuba Kabira. Eine Stadt vor 5000 Jahren. Ausgrabungen der Deutschen Orient-Gesellschaft am Euphrat in Habuba Kabira, Syrien (Mainz 1980).

Uruk. 5000 Jahre Megacity. Begleitband zur Ausstellung (Petersberg 2013).

D. Wengrow, The Archaeology of Early Egypt. Social Transformations in North-East Africa, 10,000 to 2,650 BC (Cambridge 2006).

G. Wessel, Das schmutzige Geschäft mit der Antike (Berlin 2015).

T. Wilkinson, Early Dynastic Egypt: Strategy, Society and Security (London 1999).

7 Wirtschaftskrise, zerstörte Paläste und religiöser Wandel

Bronzezeit. Europa ohne Grenzen. Ausstellungskatalog (St. Petersburg 2013).

H.-G. Buchholz (Hrsg.), Ägäische Bronzezeit (Darmstadt 1987).

E. H. Cline, 1177 v. Chr. Der erste Untergang der Zivilisation (Stuttgart 2015).

J. M. Coles/A. F. Harding, The Bronze Age in Europe (London 1979).

O. Dickinson, The Aegean Bronze Age (Cambridge 1994).

R. Drews, The End of the Bronze Age. Changes in Warfare and the Catastrophe ca. 1200 B. C. (Princeton 1993).

Eliten der Bronzezeit. Ergebnisse zweier Kolloquien in Mainz und Athen. Monographien des Römisch-Germanischen Zentralmuseums 43 (Mainz 1999).

A. Hänsel/B. Hänsel (Hrsg.), Gaben an die Götter. Schätze der Bronzezeit Europas. Ausstellungskatalog (Berlin 1997).

B. Hänsel (Hrsg.), Mensch und Umwelt in der Bronzezeit Europas (Kiel 1998).

D. Jantzen/T. Terberger, Gewaltsamer Tod im Tollensetal vor 3200 Jahren. Archäologie in Deutschland 4, 2011, 6–11.

A. Jockenhövel/W. Kubach (Hrsg.), Bronzezeit in Deutschland. Archäologie in Deutschland, Sonderheft (Stuttgart 1994).

K. Kristiansen/Th. Larsson, The Rise of Bronze Age Society. Travels, Transmissions and Transformations (Cambridge 2005).

G. A. Lehmann, Umbrüche und Zäsuren im östlichen Mittelmeerraum und Vorderasien zur Zeit der «Seevölker»-Invasionen um und nach 1200 v. Chr. Neue Quellenzeugnisse und Befunde. Historische Zeitschrift 262, 1996, 1–38.

E. Probst, Deutschland in der Bronzezeit. Bauern, Bronzegießer und Burgherren zwischen Nordsee und Alpen (München 1996).

H. Sternberg-el Hotabi, Der Kampf der Seevölker gegen Pharao Ramses III. Archäologie, Inschriften und Denkmäler Altägyptens 2 (Rahden/Westfalen 2012).

J. Biel, Der Keltenfürst von Hochdorf (Stuttgart 1985).

J. Boardman, The Greeks overseas. Their early colonies and trade (London [4]2003).

S. Burmeister, Geschlecht, Alter und Herrschaft in der Späthallstattzeit Württembergs. Tübinger Schriften zur Ur- und Frühgeschichte 4 (Münster 2000).

R. Gebhard/F. Marzatico/P. Gleirscher (Hrsg.), Im Licht des Südens. Begegnungen antiker Kulturen zwischen Mittelmeer und Zentraleuropa. Ausstellungskataloge der Archäologischen Staatssammlung 39 (München 2011).

W. Kimmig, Die griechische Kolonisation im westlichen Mittelmeergebiet und ihre Wirkung auf die Landschaften des westlichen Mitteleuropa. Jahrbuch des Römisch-Germanischen Zentralmuseums Mainz 30, 1983, 5–78.

R. Krause, Der Ipf. Frühkeltischer Fürstensitz und Zentrum keltischer Besiedlung am Nördlinger Ries (Stuttgart [2]2007).

D. Krausse (Hrsg.), Frühe Zentralisierungs- und Urbanisierungsprozesse. Zur Genese und Entwicklung frühkeltischer Fürstensitze und ihres territorialen Umlandes. Forschungen und Berichte zur Vor- und Frühgeschichte in Baden-Württemberg 101 (Stuttgart 2008).

D. Krausse (Hrsg.), «Fürstensitze» und Zentralorte der frühen Kelten. Forschungen und Berichte zur Vor- und Frühgeschichte in Baden-Württemberg 120/1 (Stuttgart 2010).

D. Krausse/I. Kretschmer/L. Hansen/M. Fernández-Götz, Die Heuneburg, keltischer Fürstensitz an der oberen Donau. Führer zu archäologischen Denkmälern in Baden-Württemberg 28 (Stuttgart 2015).

S. Kurz, Untersuchungen zur Entstehung der Heuneburg in der späten Hallstattzeit. Forschungen und Berichte zur Vor- und Frühgeschichte in Baden-Württemberg 105 (Stuttgart 2007).

T. Miller, Die griechische Kolonisation im Spiegel literarischer Zeugnisse (Tübingen 1997).

C. Pare, Fürstensitze, Celts and the Mediterranean World. Developments in the West Hallstatt Culture in the 6th and 5th Centuries BC. Proceedings of the Prehistoric Society 57, Heft 2, 1991, 183–202.

H. Parzinger, Der Goldberg. Die metallzeitliche Besiedlung. Römisch-Germanische Forschungen 37 (Mainz 1998).

S. v. Schnurbein (Hrsg.), Atlas der Vorgeschichte. Europa von den ersten Menschen bis Christi Geburt (Stuttgart 2009).

9 Die Kelten in Europa

H. Baitinger, Der Glauberg. Ein Fürstensitz der Späthallstatt-/Frühlatènezeit in Hessen. Glauberg-Studien 1. Materialien zur Vor- und Frühgeschichte von Hessen 26 (Wiesbaden 2010).
H. Baitinger/B. Pinsker (Hrsg.), Das Rätsel der Kelten vom Glauberg (Stuttgart 2002).
H. Birkhan, Kelten. Versuch einer Gesamtdarstellung ihrer Kultur (Wien 1997).
J. Collis, The Celts. Origins, Myths, Inventions (Gloucestershire 2003).
J. Fries-Knoblach, Die Kelten. 3000 Jahre europäischer Kultur und Geschichte. Urban-Taschenbücher 576 (Stuttgart 2002).
A. Haffner (Hrsg.), Heiligtümer und Opferkulte der Kelten. Archäologie in Deutschland, Sonderheft (Stuttgart 1995).
D. W. Harding, The Archaeology of Celtic Art (London 2007).
V. Helfert (Hrsg.), Die Kelten. Auf den Spuren der Keltenfürsten (Stuttgart 2009).
B. Maier, Die Religion der Kelten. Götter – Mythen – Weltbild (München 2001).
F. Müller, Die Kunst der Kelten (München 2012).
M. Nick, Gabe, Opfer, Zahlungsmittel. Strukturen keltischen Münzgebrauchs im westlichen Mitteleuropa. Freiburger Beiträge zur Archäologie und Geschichte des ersten Jahrtausends (Rahden/Westfalen 2006).
S. Rieckhoff/J. Biel, Die Kelten in Deutschland (Stuttgart 2001).
S. Rieckhoff/S. Fichtl, Keltenstädte aus der Luft. Archäologie in Deutschland, Sonderheft Plus (Stuttgart 2011).
S. Sievers, Manching. Die Keltenstadt. Führer zu archäologischen Denkmälern in Bayern. Oberbayern 32 (Stuttgart 2007).
K. Tomaschitz, Die Wanderungen der Kelten in der antiken literarischen Überlieferung. Mitteilungen der Prähistorischen Kommission der Österreichischen Akademie der Wissenschaften 47 (Wien 2002).

10 Römer und Germanen

D. Baatz/F.-R. Herrmann (Hrsg.), Die Römer in Hessen (Stuttgart 1982).
H. Bender/H. Wolff (Hrsg.), Ländliche Besiedlung und Landwirtschaft in den Rhein-Donau-Provinzen des Römischen Reiches. Passauer Universitätsschriften zur Archäologie 2 (Espelkamp 1994).
H. Cüppers (Hrsg.), Die Römer in Rheinland-Pfalz (Stuttgart 1990).
W. Czysz/K. Dietz/T. Fischer/H.-J. Kellner (Hrsg.), Die Römer in Bayern (Stuttgart 1995).

P. Filzinger/D. Planck/B. Cämmerer (Hrsg.), Die Römer in Baden-Württemberg (Stuttgart 1986).

Th. Fischer, Die Römer in Deutschland (Stuttgart 1999).

W. Haarnagel, Die Grabung Feddersen Wierde. Methode, Hausbau, Siedlungs- und Wirtschaftsformen sowie Sozialstruktur. Feddersen Wierde 2 (Wiesbaden 1979).

A. Haffner/S. von Schnurbein (Hrsg.), Kelten, Germanen, Römer im Mittelgebirgsraum zwischen Luxemburg und Thüringen. Kolloquien zur Vor- und Frühgeschichte 5 (Bonn 2000).

G. Horn (Hrsg.), Die Römer in Nordrhein-Westfalen (Stuttgart 1987).

G. Kossack/K.-E. Behre/P. Schmid (Hrsg.), Archäologische und naturwissenschaftliche Untersuchungen an ländlichen und frühstädtischen Siedlungen im deutschen Küstengebiet vom 5. Jahrhundert v. Chr. bis zum 11. Jahrhundert n. Chr. (Weinheim 1984).

L. Wamser/C. Flügel/B. Ziegaus, Die Römer zwischen Alpen und Nordmeer. Zivilisatorisches Erbe einer europäischen Großmacht. Kataloghandbuch zur Landesausstellung des Freistaates Bayern, Rosenheim 2000 (Mainz 2000).

K.-W. Weeber, Alltag im Alten Rom (München 2000).

R. Wiegels (Hrsg.), Die Varusschlacht: Wendepunkt der Geschichte? Archäologie in Deutschland Sonderheft (Stuttgart 2007).

R. Wolters, Die Schlacht im Teutoburger Wald. Arminius und das römische Germanien (München ^{2}2008).

11 Das heutige Europa entsteht

B. Anke/L. Révész/T. Vida. Reitervölker des Frühmittelalters. Hunnen – Awaren – Ungarn. Archäologie in Deutschland Sonderheft (Stuttgart 2008).

S. Brather, Archäologie der westlichen Slawen. Siedlung, Wirtschaft und Gesellschaft im früh- und hochmittelalterlichen Ostmitteleuropa. Ergänzungsbände zum Reallexikon der Germanischen Altertumskunde 30 (Berlin ^{2}2008).

A. Demandt, Geschichte der Spätantike (München ^{2}2008).

E. Ewig, Die Merowinger und das Frankenreich (Stuttgart ^{5}2006).

J. Graham-Campbell, Das Leben der Wikinger. Krieger, Händler und Entdecker (Hamburg 2002).

E. Gringmuth-Dallmer, Die Slawen, Nachbarn des fränkischen Reichs. In: U. v. Freeden/S. v. Schnurbein (Hrsg.), Spuren der Jahrtausende: Archäologie und Geschichte in Deutschland (Stuttgart 2002), 344–367.

H.-P. Kuhnen (Hrsg.), Das römische Trier. Führer zu archäologischen Denkmälern in Deutschland 40 (Stuttgart 2001).

S. Matz, Die ›Barbarenfurcht‹ und die Grenzsicherung des spätrömischen Reiches. Eine vergleichende Studie zu den limites an Rhein, Iller und Donau, in Syrien und Tripolitanien mit einem Fundstellenkatalog zum spätrömischen Rhein-Iller-Donau-Limes (Jena 2014).

W. Menghin, Die Langobarden (Stuttgart 1985).

W. Pohl, Die Völkerwanderung (Stuttgart [2]2005).

Reiss-Museum Mannheim (Hrsg.), Die Franken: Wegbereiter Europas. Vor 1500 Jahren: König Chlodwig und seine Erben (Mainz 1996).

P. v. Rummel/H. Fehr, Die Völkerwanderung (Stuttgart 2011).

R. Schieffer, Die Karolinger (Stuttgart [4]2006).

R. Simek, Die Wikinger (München [6]2016).

A. Wieczorek/H.-M. Hinz (Hrsg.), Europas Mitte um 1000. Katalog zur Ausstellung (Stuttgart 2000).

G. Williams/P. Pentz/M. Wemhoff (Hrsg.), Die Wikinger. Ausstellungskatalog (Berlin 2014).

H. Wolfram, Geschichte der Goten (München [5]2009).

12 Keine Geschichte ohne Archäologie

T. Biller (Hrsg.), Der Crac des Chevaliers. Die Baugeschichte einer Ordensburg der Kreuzfahrerzeit (Regensburg 2006).

H. Boockmann, Die Stadt im späten Mittelalter (München 1986).

Th. Brock/A. Homann, Schlachtfeldarchäologie. Auf den Spuren des Krieges. Archäologie in Deutschland Sonderheft (Stuttgart 2011).

G. P. Fehring, Stadtarchäologie in Deutschland. Archäologie in Deutschland, Sonderheft (Stuttgart 1996).

K. Görich, Die Staufer. Herrscher und Reich (München [3]2011).

G. Isenberg, Kirchliches und städtisches Leben. In: U. v. Freeden/S. v. Schnurbein (Hrsg.), Spuren der Jahrtausende: Archäologie und Geschichte in Deutschland (Stuttgart 2002), 390–417.

C. Julien, Die Inka. Geschichte, Kultur, Religion (München 2003).

R. Knape (Hrsg.), Martin Luther und Eisleben. Schriften der Stiftung Luthergedenkstätten Sachsen-Anhalt 8 (Leipzig 2007).

R. Knape, Mittelalterliche Burgen in Hessen. 800 Burgen, Burgruinen und Burgstätten (Gudensberg-Gleichen [2]2000).

H. J. Prem, Die Azteken. Geschichte – Kultur – Religion (München [5]2011).
Stadtluft, Hirsebrei und Bettelmönch. Die Stadt um 1300. Stadtarchäologie in Baden-Württemberg und der Nordwestschweiz (Stuttgart 1992).
H. Steuer/G. Biegel (Hrsg.), Stadtarchäologie in Norddeutschland westlich der Elbe. Zeitschrift für Archäologie des Mittelalters, Beiheft 14 (Bonn 2002).
C. Theune, Archäologie an Tatorten des 20. Jahrhunderts. Archäologie in Deutschland Sonderheft (Stuttgart 2014).
T. Todorov, Die Eroberung Amerikas. Das Problem des Anderen (Frankfurt am Main 2002).
M. Wemhoff (Hrsg.), Barocke Blütezeit. Die Kultur der Klöster in Westfalen (Regensburg 2007).
M. Wemhoff, Der Berliner Skulpturenfund. «Entartete Kunst» im Bombenschutt (Regensburg 2011).

Personenregister

Register geographischer Begriffe und Völkernamen

Nachweis der Abbildungen und Karten

S. 12, 18, 160, 174, 216 © akg-images, Berlin | **S. 21** © Römisch-Germanische Kommission des DAI Frankfurt am Main | **S. 24** © Museum für Vor- und Frühgeschichte, Staatliche Museen zu Berlin | **S. 28** © Foto: Thomas Ernsting/laif. © Rekonstruktion: W. Schnaubelt & N. Kieser | **S. 30** Nach GEOkompakt 24, 2010 | **S. 33** Nach F. Facchini, Die Ursprünge der Menschheit (Stuttgart 2006), S. 98, Abb. 1 | **S. 35, 71, 120, 138/139, 154, 177, 194, 202** © Peter Palm, Berlin | **S. 38 f.** © paleon GmbH, Schöningen | **S. 46** © bpk/Egmar Ruppert | **S. 48** Zeichnung Peter Palm, Berlin, auf der Grundlage einer Karte von Professor Friedemann Schrenk, Frankfurt/Main | **S. 50** © bpk/RMN – Grand Palais, Gérard Blot (oben); Nach Eiszeit. Kunst und Kultur. Ausstellungskatalog Stuttgart (Stuttgart 2010), S. 193, Abb. 222 (unten) | **S. 57** © ullstein bild/Heritage-Images/Fine Arts Images | **S. 59** Nach Eiszeit. Kunst und Kultur. Ausstellungskatalog Stuttgart (Stuttgart 2010), S. 318, Abb. 390 | **S. 62** © Dieter Johannes, DAI, Orient-Abteilung | **S. 65** Umgezeichnet nach Srejovič/Babovič, Umetnost Lepenskog Vira (Belgrad 1983), S. 40 f. Plan 14 (oben); akg-images/Erich Lessing (unten) | **S. 68** © Klaus Schmidt, DAI, Orient-Abteilung | **S. 75** Nach J. Mellaart, The Neolithic of the Near East (London 1975), Abb. 46 | **S. 79** © bpk/Museum für Vor- und Frühgeschichte/SMB/Ingrid Geske | **S. 80** © bpk/Museum für Vor- und Frühgeschichte/SMB/Jürgen Liepe | **S. 82** © akg-images/Imagno/Christian Schuhböck | **S. 86** Nach P. Petrequin/S. Cassen/M. Errera/L. Klassen/A. Sheridan/A.-M. Petrequin, Jade. Grandes haches alpines du Neolithique europeen. Ve et IVe millénaires av. J.-C. Presses Universitaires de Franche-Comté 1224 (Besançon 2012), Vol. 2, S. 1244, Abb. 11 | **S. 88** Nach M. Videjko, Großsiedlungen der Tripolje-Kultur in der Ukraine. Eurasia antiqua 1, 1995, S. 49, Abb. 4 | **S. 91** © Landesamt für Denkmalpflege im RP Stuttgart (H. Schlichtherle) | **S. 93** © akg-images/Science Photo Library | **S. 97** © Landesamt für Denkmalpflege und Archäologie Sachsen-Anhalt, Andrea Hörentrup | **S. 99** © Landesamt für Denkmalpflege und Archäologie Sachsen-Anhalt, Juraj Lipták | **S. 102** © akg-images/Werner Forman | **S. 106** © Christian Krug, DAI, Orient-Abteilung | **S. 108** © Peter Palm nach Uruk. 5000 Jahre Megacity, a. a. O., Abb. 34.2 | **S. 113** © akg-images/Suzanne Held | **S. 114** © bpk/Ägyptisches Museum und Papyrussammlung, SMB/Sandra Steiß | **S. 117** © Carabinieri T. P.C. Italia | **S. 118, 166** © akg-images/Erich Lessing | **S. 124** Aus John Haywood. Atlas der alten Kulturen (Stuttgart 2005), S. 114 | **S. 126** © akg-images/Erich Lessing | **S. 130** © P. Frankenstein/H. Zwietasch; Landesmuseum Württemberg, Stuttgart | **S. 133** Foto: Dr. Manfred Niessen, Deutsche Forschungsgemeinschaft | **S. 134** © akg-images/Gérard Degeorge | **S. 143** Aquarell nach Das Gräberfeld von Hallstatt, Bearb. v. K. Kromer (Florenz 1959), Taf. 4 aus von S. v. Schnurbein, Spuren der Jahrtausende, Abb. 12, S. 16 | **S. 144** © Archäologisches Museum Frankfurt | **S. 147** © Foto Stork, Keltenmuseum Hochdorf/Enz | **S. 150** © Landesamt für Denkmalpflege im RP Stuttgart (Faber Courtial) | **S. 152** © Keltenwelt am Glauberg, Foto: P. Odvody | **S. 157** © Keltenwelt am Glauberg, Fotos: W. Fuhrmannek/P. Odvody/U. Seitz-Gray/P. Odvody (im Uhrzeigersinn) | **S. 164** © Tim Wehrmann für GEO Epoche (oben); kelten römer museum manching; Entwurf R. Gebhard, Ausführung Büro für Gestaltung Wangler & Abele, 2006 (unten) | **S. 168** © ullstein-bild – Markus Matzel | **S. 172** © Römisch-Germanische Kommission des DAI Frankfurt am Main | **S. 182** © Flemming Bau, Århus | **S. 184** © Städtisches Museum Halberstadt | **S. 186** © akg-images/Erich Lessing | **S. 191** © akg-images/Bildarchiv Steffens | **S. 201** Aus Becher, Otto der Große (München 2012), S. 117, Abb. 12 | **S. 204** © Otto Braasch, Lahr | **S. 206, 225** © Landesdenkmalamt Berlin, Fotos: Manuel Escobedo | **S. 209** © Manuel Cohen/akg-images | **S. 214** © B. Stefan, Thüringisches Landesamt für Denkmalpflege und Archäologie, Weimar | **S. 219** © akg-images/Mel Longhurst | **S. 222** © KZ-Gedenkstätte Flossenbürg | **S. 227** © bpk/Herbert Hensky | **S. 228** © Staatliche Museen zu Berlin, Museum für Islamische Kunst/Foto: A. R. Laub